毎日・発明&言葉遊び【ダジャレ】
365日+1日

一般社団法人 発明学会会長 東京発明学校校長
発明教育家 発明配達人 中本繁実

日本地域社会研究所

コミュニティ・ブックス

一日3分間は、発明のトレーニングを

歌は、だれでも歌えます。しかし、上手に歌うには、練習が必要です。

スポーツでも、絵画、書道、芸能でも、すべて、練習をして、上手くなります。

会社の役に立つ提案、売れる発明、アイデアを出すには、練習が必要です。

練習をしなくて、思いついただけで、有益な発想や発明、アイデアは、生まれません。

ところが、多くの町（個人）の発明家は、練習をしません。他の人（第三者）の成功した話を聞くと、2、3日は、集中して、発明、アイデアに取り組みます。ところが、まもなく、忘れます。

そして、2カ月も、3カ月も、発明、アイデアを出さないのです。

それでは、発想力は高まりません。

そこで、今回、毎日、楽しく、発想の練習ができるように、やさしい本を書くことにしました。

本書は、発明のヒントと、言葉遊び（ダジャレ）をからめた、日常生活365日＋1日分を、一冊にまとめたものです。一口話（短い話）としても、クスッと笑える内容になっています。

本書を手に、毎日、1回は、人（彼女や彼、友人）に、はなしかけて、3分間だけでも知的な遊びを楽しんでください。

それが発想の練習になります。

読んで、話して、脳細胞を練り、鍛えましょう。発想力がつくこと、まちがいなしです。

料理は、だれでもつくれる「お母さん」の「料理」の「実力」は

大好きな発明は、形「製品」に結びつきます。

それを、実現させるために、私が教えたいことがあります。

突然ですが、質問をさせてください。

ここに、「小学生」、「中学生」、「高校生」、「お母さん」がいます。

同じ食材を使って「カレー」をつくっていただきました。

たとえば、みなさんは、５００円払って、だれがつくった「カレー」を食べたいですか。

多くの人が、「お母さん」がつくった「カレー」を食べたい。……、と答えるでしょう。

料理は、だれでもつくれますよね。

料理が大好きな人は、大好きな人に、美味しい料理を食べていただきたい、と思っています。

それで、料理を上手につくりたくて、レシピの研究をします。そして、上手くできて、自然に、笑顔になります。

その中で、プロを、めざす人は、さらに、研究を続けます。

では、いま、あなたの「発明」の「実力（レベル）」を、「お母さん」がつくった「料理」の「実力（レベル）」と比べてください。

……、あなたの「発明」を応援してくれる人は、多いですか。

いま、夢中になっている○○の発明、「お母さん」の「料理」の「実力（レベル）」になっていますか。

……、ハイ、大丈夫です。

それなら、○○の発明、形「製品」に結びつきます。ポイントは、**「大好き」**です。

「テーマ（題材）」は、**「大好き（得意な分野）」**の中から、選ぶことです。

な

練習のはじめに

水泳の本を読んだだけでは、泳げません。

野球の本をみただけでは、ヒットも、ホームランも打てません。

それと同じで、発想、発明、アイデア、などの創造力も、その定石や技法を知っただけでは、実力はつきません。

実力をつけるためには、ある課題（問題）に対して、解決策を考え出す、練習が必要です。

練習をくり返しているうちに、技法や定石は、いつの間にか、身につきます。

発想力や思考法について、りっぱな本がたくさん出ています。

それを知ることは、いいことです。

ところが、それらは、あくまで、技法であり、形式であり、知識です。

だから、その本を読んでも、形「製品」に結びつく発明は、生まれません。

新製品の開発は、生まれてきません。

会社の改善、提案は、出てきません。

なぜですか。それは、実地の練習ができていないからです。

そこで、発想や発明、アイデアを、毎日、一案、考え出してください。

考える時間は、３分でも、５分でも、10分でも、いいです。練習を繰り返すのです。

いつ、どこで、練習をするか、特定の場所と時間を決めておくとよいでしょう。

そして、決めたら、毎日、練習することです。

それを、自分に約束することです。

筆者の場合、毎朝、10分間、パソコンの前に座って、言葉遊び（ダジャレ）を考えます。

これが発想の練習になるのです。

また、朝の通勤ラッシュの時間帯を避けて、早めに家を出て、空いた車両で、原稿のチェックをしています。

このように、少しの工夫で、毎日、時間を生み出すことができます。

時間をどう生み出し、どう使うか、それが時間術です。

そして、たとえ短時間でも、毎日、コツコツ続けていれば、いつか、こんなふうに、一冊の本にまとめることができるのです。


まず、大学ノート（発明ノート）を一冊準備してください。そこに、日付（年月日）を書いて、思いついた発明、アイデアを必ず書くのです。

練習のために、二案、三案を書いても大丈夫です。それが、実地の練習になるのです。

本書を読んでいるときに、アイデアがひらめいたら、すぐに書き留められるように、各ページにメモ欄を用意しました。ノートが取り出せないときは、ぜひ、メモ欄を活用してください。

練習です。だから、必ず、上手くいくとは限らないです。ミスもあります。トンネルもあります。つまり、迷案、珍案が続出します。それで、いいのです。

発想力を実地で身につけ、一日一案、発明・アイデアを、書き留める。……、それを、くりかえして、はじめて、形「製品」に結びつく、発明・アイデアが生まれるのです。

★ 言葉遊び（ダジャレ）で、その場が和む！

私の言葉遊び（ダジャレ）は、講義、講演のときだけでなく、日常の会話でも、活躍!?しています。

結婚式でも、参列者全員に、協力をいただいて、笑い（話題）を提供しています。

このように、いつも、私と言葉遊び（ダジャレ）は一緒です。

ノミ（飲み）ニケーションを楽しんでいますが、そのとき、私をサポートしてくれるのが、言葉遊び（ダジャレ）です。

★ 本を書いたら、非常勤講師の依頼がきた

本を出版したことが、きっかけになり、専門学校、大学の夜間部の学生さんにも、製図と知的財産権の科目を教えるようになりました。

日々、忙しくなりました。「兼サラ（兼業サラリーマン）」がスタートしました。家では、非常勤お父さん、と呼ばれるようになりました。


その頃です。セクハラ、パワハラが問題になりました。

スキンシップも、できなくなりました。

それでは、先生と学生と距離ができてしまいます。

それからです。私は、言葉遊び（ダジャレ）をコミュニケーションツールとして使って、学生と会話を介して、スキンシップをしよう、と考えました。


私は、言葉遊び（ダジャレ）を、毎日、真剣に考えました。

学生さんには、私の講義を受けていただきます。

その流れで、ついでに、私の言葉遊び（ダジャレ）も、ウケているのです。

だから、講義中、講演中、日常の会話の中で、言葉遊び（ダジャレ）を使って、勝手に、飛ばし（都バス）ます。「都バスに乗って、急いで会場に来たからね」……、といった調子です。

この話題は、都（東京都）バスが走っている地域の一部で使っています。このように、考えることは、思いつきです。

たとえば、数学の学習のように、何時間も、何日も、考えなくてもいいのです。

問題に悩まされなくても大丈夫です。入学試験のように、どうしても、問題の解き方を理解しなければならない。……、と、いうものでもありません。

公立（効率）だけを考えてはいけませんよ。

私立もあります。わかっています。

知りつ（私立）くしていますよね。

では、さっそく、実地の練習を始めましょう。

中本繁実

目次

1月の言葉遊び

発明・アイデア成功十訓

一．発明は慾から入って、慾から、はなれたころ、成功する。

二．悪い案も出ない人に、良い案は生まれない。

　まず、悪い案でもよいからたくさん出せ。

三．一つ考えた人は、考えなかった人より、一つ頭が良くなる。

四．頭、手、足を使っても、お金は使うな。

五．発明の「テーマ（題材）」は、
　自分で「テスト（実験）」ができるものの中から選べ。

六．くそっと思ったら、金の卵がある。

七．半歩前進、ちょっとひねれ、それが、成功のもと。

八．他の人（第三者）の発明に感動する心を養え。次に、私ならこうする。……、と考えよ。

九．出願の文章は、自分で書け。それが、次の発明をひき出す。

十．発明の「売り込み（プレゼン）」は、発明したエネルギーの二倍使え。

「1月1日」

優しい会社の社長さんから、発明、アイデアの製品化の**内定**（ナイテイ）、と書いた手紙が町（個人）の発明家の家に届きました。

その手紙をみて、嬉しくなって、**昼間**に、つい、**ナイター**（泣いた）のですね。

おめでとうございます。だれだって、嬉し泣き、しますよ。最高です。

それでは、**二重の枠**を書いてください。

この、**ワク**（枠）の中に、目標を書くのです。**ワク**（枠）が二重になっています。だから、毎日、笑顔で、**ワクワク**を体験できますよ。

「1月2日」

発明学会が主催している、発明コンクールの協賛会社の発明、アイデアの採用担当者から、製品化の検討をしたいです。

……、と書いた、手紙をいただきました。

そして、応募した内容を静かに説明しました。すると、うるさいよー、……、と、いわれました。発明、アイデアを、**うる**（売る）、**さいよう**（採用）と、いっていただいたのです。

「うるさいよー」は、発明が形「製品」に結びつく、嬉しい、うるさいよー（**売る、採用**）、だったのですね。

思いつき・ひらめきメモ

「1月3日」

日常の生活の中で、不便なこと、困ったこと、を解決したくて、発明をするときも、日々の通勤、通学、買い物などで、電車に乗るときも、普通で、いいですよ。

特別料金を支払って、特急に乗ると、気持ちいいですけど、**利益**（駅）を**飛ばします**よ。

背伸びをして、ムリをすると、電車は、事故につながります。不通（普通）になりますよ。

いま、友達、職場の人との、情報交換も、**E-mail**（イイメール）が**普通**ですよね。

「1月4日」

ここは、発明学会（東京都新宿区）のセミナー会場です。

参加申込み者が多いのに、会場には、人は少なくて、部屋は狭いです。

その部屋は、**セミナー**（セマイナー）中です。

そうか、ここは、リモート会場から、初心者向けの「発明入門講座」の**セミナー**中、だったのですね。

テレワーク、マスクを外したら、**照れ**（テレ）**ワーク**ですね。

思いつき・ひらめきメモ

「1月5日」

通勤、通学の電車の車内で、何もしない時間、もったいない、と思いませんか。

私からのお願いです。毎日、3分間でいいです。発明を考える、時間に使っていただきたいのです。

最初は、**車内**だから、**しょうがない**（しゃない）ことを考えても、大丈夫です。

でも、せっかくなら、**ハッピー**なことを考えたほうが、一日中、**ハッピー**になれますよ。

車内で、**ハッピー・カー**（嬉しかー）ですね。

「1月6日」

部屋の窓から、外をみました。雨模様です。

晴れの元気が、雨で、流されてしまいました。

気持ちの**天気**は、晴れなくても、気持ちを切り替える、**転機**は、大切です。

発明は、天気に左右されず、いつも、晴ればれした気持ちで、チャレンジできます。

そして、楽しめます。

転機（天気）は、晴れますように、発明をする頭（脳）は、いつも、**爽快**です。

……、**そうかい**。

思いつき・ひらめきメモ

「1月7日」

○○さん、……。

自信作の○○の発明を、目標の第一志望の会社に「売り込み（プレゼン）」をしました。

返事の手紙が届きました。手紙を開封しました。その理由は、わからないけど、顔は、**納得**（なっとく）していない様子ですね。

ところで、今朝、朝ごはん、食べましたか。

……、まだですか。

では、**納豆**ごはん、食べましょう。

返事の手紙の内容について、**なっとくう**（納豆食う）しますよ。

「1月8日」

毎日、朝、昼、夜の食事をするとき、発明を考える時間を3分間、つくってください。

続けることが大切です。継続しましょう。

では、どのようなときに、形「製品」に結びつく、素敵な発明、アイデアは、**ひらめく**のでしょうか。

たとえば、皿に、盛り付けた、新鮮な魚の**平目**を食べるときです。

ヒラメ食う（ひらめくう）です。

美味しい魚は、**何度**、食べても、新鮮で、**鮮度**（1000度）がいいですよ。

思いつき・ひらめきメモ

「1月9日」

本をみながら、はじめて**お菓子**づくりに、チャレンジしました。

知識不足で、完成した**お菓子**は、おかしな形の、お菓子ができました。

発明も、未完成の**おかしな形**にならないように、大きさを決めて、図面（説明図）を描いてください。手づくりで、試作品をつくってください。

テスト（実験）をして、発明の効果を確認しましょう。手づくりの**試作**も、**思索**も大切です。

機械は、**重い**の**で**、楽しい**思い出**をつくってくれますね。

「1月10日」

毎日、仕事、勉強の疲れをとるために、お風呂にお世話になります。

お風呂の**浴槽の掃除**は、気持ち良く、入浴できるように、**よくそうじ**、しましょう。

そうしよう。

大好きな○○の発明は、新しいですか。

その**先行**技術の情報は、特許庁の「特許情報プラットフォーム（J-PlatPat）」で、調べることができます。

権利がとれるように、**よく**調べて、**よく**考えて、**選考**（せんこう）しよう。

思いつき・ひらめきメモ

「1月11日」

町（個人）の発明家の人が、**メカ**（機械）の発明品を思いついたので、**メーカー**（製造業者）に、手紙を書いて、目標の第一志望の○○の会社に「売り込み（プレゼン）」をしました。

だけど、メカに弱くて、機械（**メカ**）を学ぶ機会もありませんでした。

だから、ダメか（ダ**メーカー**）なあー。

……、と思っています。

そんなことは、ありませんよ。

チャンス（機会）は、いっぱいあります。

あなたが、発明を形「製品」に結びつける、**機会**（機械）をつくりましょう。

「1月12日」

長崎県西海市出身の私は、帰宅途中、ときどき居酒屋（赤ちょうちん）で、いいアイデアがないか、考えながら、焼酎を飲んでいます。

焼酎が好きですが、**しょっちゅう**、じゃないですよ。おつまみは、**焼きとり**です。でも、串に刺さっている、**とり肉**は、**とりにくい**なー。

……、と、いいながら、……。

何本、食べますか。**串**（くし＝9×4）**36本**です。多すぎます。言葉遊びですよ。

食べ過ぎで、少し心配ですが、お店の人は、売り上げに**貢献**してくれて、嬉しいですよね。

長崎県出身ですが、**貢献**しますよ。

思いつき・ひらめきメモ

「1月13日」

昨夜、自宅で、発明をまとめました。

そして、新製品（発明）の大きさ（寸法）を決めました。図面（説明図）を描きました。

手づくりで、試作品づくりに、夢中になり、朝寝坊してしまいました。

ワー、大変だ、会社に遅れてしまうので、自宅の前に、タクシーを呼べる、アプリを利用して、車の手配をしました。

そして、**タクシー**で出社したのは、**わタクシー**（わたし）です。

「1月14日」

3D、**3D**、**3D**、3つ並んでいます。

コピーですか。いや、発明の試作品をつくる、**3D**（スリーディー）プリンターでは、ありませんよ。

3D（サンディ）です。日曜日「Sunday（サンディ）」が、3日間という意味です。

ホントに、休みが、3日間ですか、**3D**（日曜日、サンディ、Sunday）です。

みなさんの顔が**サン・サン**（3・3）と輝いてきましたよ。

思いつき・ひらめきメモ

「1月15日」

仲のいいカップルが花をみながら、公園で弁当を食べています。

お店で、弁当とゆで卵を買いました。

彼女が、彼に、卵の**黄身**と白身、どっちが好き、と聞きました。すると、彼は、白身より、**キミ**（君）が好きだよ、とこたえてくれました。

黄身と**君**（キミ）です。

ねー、ゆで卵、立方体にできると、弁当箱に詰めるとき、便利ですよね。そうか、茹でるときに、立方体になる容器をつくればいいのか。

発明のヒントをいただきましたね。

ゆで卵は、**イッコ**でしたが、嬉しくて、顔は**ニコ**ッ、となりました。

「1月16日」

ねー、ねー、今日、お昼、何、食べたい、……、と仲のいい、お友だちが、声をかけてくれました。

その問いに、……、私は、「**ピザ**」を食べたい。……、とこたえました。

ニコニコした顔で、今日は、とっても「ハッピーザ**（ピザ）**」なの。……。

ピザ、上手く等分できるといいですよね。分割用の定規を考えながら、食べましょうか。

ところで、何個、食べますか。

素敵な笑顔で、食べるでしょう。

だから、きっと、**ニコ（2個）**ですよ。

思いつき・ひらめきメモ

「1月17日」

みなさんは、いつも、**前向き**ですか。

トイレやベランダで、スリッパの前と、後ろが、ときどき、逆になっていませんか。

そこで、考えたのが、スリッパのひっかけ帯を中央につけることです。

どちらからでも、履けるように工夫した、スリッパの作品（発明）です。

なるほど、これなら、いつも、どんなときでも、**前向き**です。

後ろ向きには、ならないです。

「1月18日」

旅行で、仕事で、長崎に行ったら、皿うどんを食べていただきたいです。

最高に、うまかとよー。

さら（皿）っと、食べれます。

皿うどんは、細めのめん（麺）と、太めのめん（麺）がありますが、どちらが**おすすめ**ですか。……、もちろん、両方です。

そこで、美味しくいただいてほしいので、仕切りを設けた皿を発明しました。

席に座った（**止まった**）ままで、食べられますが、細めん、太めん、両方、勧め（**進め**）ますよ。

思いつき・ひらめきメモ

「1月19日」

4月は、学校に、新入生が入学します。フレッシュで、新鮮で、いいですよね。

公立の学校に受かるために、どのような方法で、勉強されましたか。筆記具にこだわりました。親に勧められて、発明品の「五角（合格）形の鉛筆」を使いました。

鉛筆の軸の外形が五角形で、軸の途中に、ゴムの輪を設けた鉛筆です。

この鉛筆を使うと、すべらないというのです。

受験科目の時間割を決めて、バランスを考え、**こうりつ**（効率・公立）よく勉強しました。

学校の学習効果（校歌）が楽しみです。

「1月20日」

仕事で、勉強で、疲れたときは、お風呂に入ります。

でも、たまには、温泉に入って、ノンビリしたいなあー、と思いませんか。

「**温泉**」には、気持ちを切り替えられる、「**スイッチ**」があります。知っていました。

「**オン**（ＯＮ）**セン**・温泉」と、「**オフ**（ＯＦＦ）**ロ**・お風呂」です。

「**温泉**」に行って、**元気で笑顔**の「オン（ＯＮ）の**スイッチ**」を入れましょう。

○○の発明、「スイッチ」を「オン（ＯＮ）」にしてください。そして、元気になりましょう。

思いつき・ひらめきメモ

「1月21日」

あなたの〝目標〟を教えていただけませんか。

たとえば、登山です。

登るなら、高い山に登りたいですよね。

でも、最初は、低い山にしましょう。

ムリをすると、少し、**アップ**（登る）するだけで、息が苦しくなり、**アップ、アップ**します。

発明の目標も、確実に実現できるものにしましょう。ムリをすると、大変です。

カッコをつけて、ムリをすると、ギブ**アップ**しますよ。自然の中で、レベルアップをめざしましょう。調子よく、**アップ**できます（登れます）。山は、いつも、**マウンテン**（**満点**）です。

「1月22日」

いきなりですが、1円玉、5円玉、10円玉、50円玉、100円玉、500円玉の中から、一つ選んで、硬貨をみないで同じ大きさの円、表裏の模様を描いてください。

いつも、使っているのに、……。

上手く描けなくても、**硬貨**は、形が○（マル）です。マルといってくれます。

お金（**マネー**）です。さらに、**マーネ**といってくれでしょう。**硬貨**だけに、**効果**もあります。

身の回りに、気になっているもの、ありませんか。えん（縁）をつくりましょう。**エン**（円）は、たくさんの**えん**（縁）が生まれますよ。

思いつき・ひらめきメモ

「1月23日」

パンが好きな人は、「サンドウィッチ」をよく食べるでしょう。数えていないと思いますが、「**サンドウィッチ**」なので、いつ、何度、食べても、**サンド（3度）**です。

……、ここで、問題です。「野菜サンド」の美味しい温度は、何度だ、と思いますか。野菜は、**新鮮**じゃないと、美味しくないでしょう。

だから、答えは、**鮮度**（1000度）です。

いつも、**鮮度**（1000度）を保って、美味しくいただける皿があるといいですよね。

サンド（3度）の**鮮度**（1000度）も、**新鮮**な気持ちも、いつまでも、**鮮度**を保てますね。

「1月24日」

発明入門講座の先生、しゃべり方が面白くて、はなしも楽しかったです。

内容は、中くらいでした。**中**（ちゅう）か。

講（高）座は、ここまでにして、食事に行きませんか。料理は、**中華**（ちゅうか）にしましょう。

そして、シメ（最後の締め）は、女将さんがおすすめの、**シューマイ**で、**シューマイ**にします。

シューマイ（おしまい）にしますが、懇親会は、**おシュウマイ**を食べて、満足しても、発明の勉強は、**シューマイ**じゃないですよ。

思いつき・ひらめきメモ

「1月25日」

「ＯＬＦＡ」は、有名な「折る刃式のカッターナイフ」です。その「ＯＬＦＡ」、名前のもと（素）は、「折る刃」って、ご存じでしたか。

「折る刃」と「ＯＬＦＡ」、横文字の「ＯＬＦＡ」のほうが、漢字じゃないのに、かんじ（感じ）がいいですね。「**ＯＬＦＡ**」は、「**折る刃**（**折れる刃**）」です。だから、オーレ、オレ（折れ、折れ）といって応援してくれますよ。

「**ＯＬＦＡ**」を使ってください。悩みごとも解決してくれます。**カット、カット**してくれます。スッキリしますよ。言葉遊びは、**カット、カット**しないでくださいね。

「1月26日」

おうち時間、巣ごもり時間、充実していますか。いいことを考えると、毎日が楽しくて、笑顔になります。じつは、ジャガイモの芽が簡単に取れる（つかめる）器具を考えました。

これで、芽は、キレイに取れます。

発明コンクールに応募しませんか。会社の社長さんが製品化の検討をしますよ。

これが、発明の応募**用紙**です。１枚プレゼントいたします。内容を知りたい、という探究心の芽はのばしましょう。

ヨーシ（**用紙**）、がんばってまとめよう。入賞して、笑顔と賞金をつかも（いただこ）う。

思いつき・ひらめきメモ

「1月27日」

新型コロナウイルス感染拡大を防ぐため、多くの場所で、３つの密（密閉・密集・密接）を避けていきます。

人が密集することもなくなり、お店は、**せいきょう**（盛況）だなあー、といわなくなりましたが、**生協**（せいきょう）だけは違います。

生協は、いつもお客さんもいっぱいです。買い物もカゴにいっぱいで、**盛況**だ、といって、ありがとうございまーす。……、の大きなかけ声と笑顔で、元気になりたいですよ。

感染が気になると、思うので、自分**専用**のカゴを考えませんか。

……、感染、しま**せんよう**（専用）。

「1月28日」

テレビのＣＭで、美味しそうに、お酒を飲むシーンをみると、お酒が好きな人は、つい〝飲みたい〟と思いますよね。

何を飲みますか、飲み方は、どうしますか。**洋酒のオンザロック**からヒントをいただいたのが、**焼酎のオンザロック**です。

では、**しょっちゅう**じゃないですけど、焼酎のオンザロックをいただきます。マイグラスを発明しませんか。美味しくいただけますよ。

氷は、オンザロックのグラスに**２つ**入れてください。……、なぜ、**２つ**ですか。

ニコッ（２個）として、笑顔で、陽気（容器）に飲めるからです。

思いつき・ひらめきメモ

「1月29日」

発明学会では、発明コンクールなどのイベントを主催していますが、たとえば、スポーツ大会などで、○○大会があると、**冗談**が好きになる人がふえます。

応援している選手が、一番になって（優勝して）ほしいからです。大きな声で声援を送ります。そして、大会が終了すると、結果の発表と表彰式が行なわれます。

優勝者は、表彰台の一番の**上段**（じょうだん）で表彰されます。**表彰台**の**上段**のはなしです。

上段ですけど、**冗談**（じょうだん）じゃないでしょう。

「1月30日」

私は、毎日のように、ペットボトルのお茶を飲んでいます。先日、買ったペットボトルの容器に、「おかげさまで、1億本突破!!」、と印刷されたシールが貼ってあるのを見つけました。

すごいことだなあー、と思って、考えた言葉遊びが、1億本突破、私は、机に、1本おく（億と置く）よ。……、です。

1億本突破した**容器**のお茶を1本飲んだおかげで、朝から、**1億本分の1**の**ようき**（容器と陽気）になれたのです。答えは、朝です。だから、**アンサー**（アーサー・朝）です。

ところで、ラベル（シール）剥がし、困っていませんか。課題（問題）を解決しましょう。

思いつき・ひらめきメモ

「1月31日」

就職で、進学で、新しい生活がスタートした人も多いと思います。

また、ふるさとを離れて〝親のありがたさ〟がよくわかったことでしょう。

親に〝ありがとう〟の感謝のその気持ちを手紙に書いて伝えませんか。

メールは「**いい**（**E**）**メール**（**Mail**）」だと、わかっています。が、今回は、**メール**じゃなくて、封筒に切手を貼って、**手紙**を書いていただきたいのです。**手書き**の**たより**（便り）が、**たより**（頼り）になります。真っ直ぐ書ける定規を発明すると、書くのが楽しくなります。

〝喜こんでいる親の顔、最高の笑顔〟ですよ。

思いつき・ひらめきメモ

2月の言葉遊び

発明はだれでもできる

◆不快な出来事が、発明、アイデアの原点

毎日の仕事、生活の中で、クソーッ、と腹が立つことがあります。

ああ、いやだ、ああ面倒（めんどう）だ、腹が立つ、○○が心配だ、……。

こうした不快な出来事のウラには、ヒット商品につながる源泉があります。

だから、人は、だれでも発明家です。

ただ、本人が〝私は、発明家だ〟と思っていない人が多い、というだけです。

私たちの日常生活において、ああ、面倒だなあー、もったいないなあー、

もっと早く、上手くできないかなあー、など、みるもの、聞くもの、自分の思いどおりにならないことがたくさんあります。

どんなにぜいたくな生活をしている人でも、人の欲望には際限がないからです。

だから、こうもしたい、ああもしたい、と考えます。

そのとき、どうすれば、その欲望を満足させられるか、……、と考えるようになります。

このように考えたから、あなたは、発明家になったのです。

「2月1日」

スキルアップするために、各種、資格試験にチャレンジする人は多いです。

一所懸命、勉強したから、一回で合格したいですよね。

でも、たまには、息抜きも、楽しく、遊ぶことを考えるのも、いいと思いませんか。

鉛筆の形を**五角形**にするのです。

合格「**五角＝合格**」が連想できます。

合格「**五角**」**鉛筆**ができます。

さらに、鉛筆の途中に**ゴム**を巻きつけます。

これで、**合格**です。**すべらない**です。

「2月2日」

青竹踏みは、昔からある健康法の一つで、有名ですが、ここで、ご紹介したい、竹の筒の健康下駄は、竹を切って、それに、鼻緒をつけた、下駄です。〝珍発明〟で、面白くて、ユーモアのある、下駄の発明です。

ある点から飛躍して考えた、**下駄**です。

その**ゲタ**が、**ゲタケタ**と**笑って**しまいます。

笑い（話題）を誘う発明は、最高です。

あなたも、靴、サンダルなどの履物の形、材質を変えて、**健康的**に**発想**してみませんか。

笑いと、楽しい**話題**は、**健康**に一番です。

思いつき・ひらめきメモ

「2月3日」

スリッパを履いて、部屋の中を歩くだけで、床の掃除ができないか、と考えたこと、ありませんか。

じつは、それを実現した人がいます。このスリッパの裏面にモップをつけたのです。スリッパを履いて、部屋の中を歩き回るだけです。

床の掃除が、ラク（楽）に、できるのです。

本人は、**スリッパ**を履いて、部屋の中を**とほ**（徒歩）で、**動くだけ**です。

だから、もう、掃除で、**とほ**う（途方）にく（暮）れることもないのです。

「2月4日」

色鉛筆は、六角形じゃなくて丸（円形）です。なぜだ、と思いますか。

丸（円形）い色鉛筆の秘密です。

もともと、鉛筆は、色鉛筆と同じで、丸（円形）でした。六角形にしたのは、転がりにくく、持ちやすくするためです。色鉛筆の芯は、鉛筆にくらべて、柔らかくて、太いです。

それで、軸を六角形にすると、木の薄い部分に力がかかり、芯が折れやすくなるためです。

先生が**採点**をするときに、〇（マル）をつけたいから、**マル**「丸（円形）」といっています。**先生**の採点、甘いでしょう。だから、先生は、人気があるんですよ。

思いつき・ひらめきメモ

「2月5日」

キャンプなどに参加したとき、夜、活躍するのは、懐中電灯です。

でも、照明で、明るい方向は、前方だけ（前向き）です。下方の足もとも、一緒に明るくなると、いいのに、と思ったことありませんか。

そこで、下方も、一緒に**明るく**できるように、窓を設けたのです。試作品をつくり、**明るく**なる効果、確認できましたね。

これで、**前方**も、**下方**も、みなさんの**心**も、**明るく**なったので、**照明**の問題、**証明**（しょうめい）は、いらないですね。

「2月6日」

食欲が旺盛な人は、健康的でいいと思います。

でも、美味しいと、つい、つい、食べすぎてしまいます。

それで、発明を楽しみながら、ダイエットにも、チャレンジしてください。

そこで、**茶碗の底を上げ底**（凸部）にした**ダイエット**用の茶碗を考えたのです。

茶碗（**ワン**）、**一杯**も、**いっぱい**です。

これなら、**盛り**、**盛り**で、**大盛り**に、みえます。

明るい顔で、**ダイエット**にチャレンジできますよ。**ダイエット**用の**茶碗**は、**容器**なので、自然に**陽気**になりますね。

思いつき・ひらめきメモ

「2月7日」

台所のまな板の水切り、どうしていますか。簡単にできるといいのに、と、考えたことありませんか。ヒントは、自転車のスタンドです。使っていないとき、簡単に水切りができて、まな板を立てられるように、まな板の角の一部を切って、その部分を回転自在にして、スタンドの形にしたのです。すると、まな板を立てる台などを準備しなくてもいいのです。

まな板も、**あなた**も、**立てて**くれます。

料理も、上手くなって、**まな板**も、**あなた**も、**自立**することができますよ。

「2月8日」

「鉛筆」と「消しゴム」を組み合わせて、だれでも知っている「消しゴムをつけた鉛筆」が誕生しました。何でも結構です。組み合わせたらどうなるか、を体験してみませんか。

たとえば、アイスクリームを入れる**コーン**に、ちらし寿司を入れたらどうかと、お寿司屋の女将さんが考えました。ちらし寿司を入れて、食べてみると、和洋混合で、なかなかの味です。

形状が**円すい**（コーン）で、**スイスイ**食べられます。片づけなくていいのです。**素材の組み合わせ**が**珍しく**、話題になりますよ。

思いつき・ひらめきメモ

「2月9日」

台所のテーブルなどが汚れていると、トイレのロールペーパーをちぎって、ちょいと拭きます。みなさん、体験したこと、ありませんか。

しかし、食卓の上に、そのままで、置くと、すぐ、トイレを連想してしまいます。

そこで、トイレのイメージを出さないように工夫したのが食卓に置く、ケース（箱）です。

これで、トイレのものとは思えません。

容器も、**使い方**も、いろいろな**ケース**が考えられますね。

円柱の形のトイレのロールペーパーも、その**ケース**に、**まるく**収まりました。

「2月10日」

文鎮（ペーパーウェイト）は、いろいろな形のものがあります。

普通は、鉄の角柱です。今日、使っても、物を押さえる機能（昨日）的なモノです。

たとえば、調べものをするとき、本でも、書類のつづりでも、厚いものがあります。

必要なページを開いて文鎮を置いても、厚いためにすべってしまいます。

そこで、考えました。形を変えて、**角柱**の裏を**眼鏡橋**のように、**山形**にしました。すると、上手くできました。文鎮は、**重い**だけに、**おもいで**（思いでと重いで）になりますよ。

思いつき・ひらめきメモ

「2月11日」

マヨネーズ、ケチャップなどの**チューブ入り**は、中身が少なくなると、絞り出しにくくなります。

そこで、チューブ入り、なんとか、ならないか、と、生活の**チエを絞り出し**てください。

たとえば、コップの中に、チューブを逆さにして立てます。チューブの受け台をつくります。

キャップの上を**吸ばん**の形にして、チューブを卓上に逆さに吸い付けて立てます。

なるほど、**うまく**いきますね。**吸ばん**（9番）は、**1番**じゃなくてもいいのですね。

「2月12日」

手帳にメモしているとき、消しゴムを携帯していなくて、あわてたことありませんか。

そんな経験から、手帳に挟める薄型の消しゴムが生まれました。

消しゴムを2ミリほどの厚さに切って、厚紙に挟むのです。さらに、透明なケースに入れます。これなら、**手帳**に挟んでおけます。

すると、体裁も良く、細かいところを消すことができます。便利な**手帳でちょう**。

消しゴム（イレイサー）が**消える**なんて、**イレイ**（異例）**サー**。

思いつき・ひらめきメモ

「2月13日」

年を重ねると、つい、健康状態が気になり、体力を維持するために、健康器具を買い求めます。たとえば、握力が弱いと指圧具をしっかり持てなくて、不安定です。本人は、モテているのに、指圧具は、持てません。

そこで、握力が弱くても、大丈夫なように指圧具にゴムの輪（和）をつけて、指圧具を手のひらにかけて、指を開いたり、閉じたりすることで、指圧ができます。

楽しい人の**輪**も、**元気**の**エネルギー**の**和**が**力**になり、**健康**の**笑顔**になりますよ。

「2月14日」

アイデアといえば、便利だとか、役に立つとか、ということにかたよりがちです。でも、中には、思わず、プッと吹き出す、ユーモア発明があります。たとえば、食パン（トースト）に、バターをぬった、そっくりのメモ帳です。

だから、コーヒーと一緒に置いておけば、食パン（トースト）と間違えて、食べてしまいそうです。

面白いツールとして、**パン、パン**使えますよ。

メモリーは、ついていません。**よーし**（用紙）、メモ**用紙**に、忘れないように**メモ**しよう。

思いつき・ひらめきメモ

「2月15日」

ラーメン店、中華料理店では、おなじみのレンゲ。スープをすくうレンゲ、どんぶりの中に落とした、体験ありませんか。

レンゲを取るのが、**めんどう**（面倒）、ラー**メンどう**です。

そこで、考えました。どんぶりのふちの一部に、レンゲ置きをつけたのです。

これは、効果もすぐにわかります。

今日は、お店に、**ラーメン**を食べに**来たから、**あき**らーめん**よ。では、注文しましょう。

美味しい**喜多方ラーメン**ください。

「2月16日」

ホースでバケツや桶に水を汲んでいるうちに、ホースが水の勢いで踊り出し、あたりが、水びたし、なんて、いった経験ありませんか。

そこで、ホースの先端をU字状の固定具に、挟んで固定し、固定具に吸盤をつけて、バケツに固定できるように工夫したのです。

バケツは、**移動**して使うのに、ホースの先端が**バケツ**に、**固定**されてしまうのですね。

固定具が便利で、**気持ちも、水もいっぱい**になります。

嬉しい気持ちも、水も、**汲んで**ください。

思いつき・ひらめきメモ

「2月17日」

小料理屋のご主人が、盃の底の中央に、小さな孔をあけた、面白い盃を考えました。

お客さんは、その孔を下から、人さし指でふさいで、お酒をついでいただくのです。

お酒を飲みほさないと、盃をテーブルの上に置けません。お店の雰囲気がいいので、何杯も、おかわりしそうです。

飲みすぎ、覚悟してくださいよ。

それでは、**乾杯**の前に、**カンパいい**いですか。

今日（強）は、何度も、**乾杯**して**完敗**です。

と**いう後輩**、と飲む酒は、**友好杯**です。

「2月18日」

ウインナーソーセージは、食べやすくなるので、炒める前に、包丁で筋目を入れます。

ところで、ウインナーソーセージと、そーせーじ（双生児）、意味、違いますよ。

そこで、ウインナーソーセージに、筋目を入れる器具を考えました。

プラスチックの円筒を二つに割り、**内側**に**カッター**をつけたのです。ソーセージを入れて握れば、**ワンタッチ**で**筋目**が入ります。

ウインナーコーヒーって、**ウインナー**と**コーヒー**です。ここは、**カット**ですね。

思いつき・ひらめきメモ

「2月19日」

正しい（望ましい）鉛筆の持ち方で、きちんとした、きれいな、字が書けます。

そこで、鉛筆のまわりに、らせん状のミゾを設けた鉛筆が生まれました。

人さし指より、少し前に中指を出し、親指は添える程度で、鉛筆を支えて、３本の指で軽く持てば、姿勢も良くなり、字も上手くなります。

正の字は、だれが書いても、**正**しいです。

学校には、**学習**の**こうか**（効果と校歌）があります。**鉛筆**（ペンシル）の良さを、もう、いっ**ぺんしる**（知る）ことができました。

「2月20日」

みそ汁などをすくう、おたま（おたま杓子）を鍋のふちに置いたら中へ落ちてしまった。なんて、失敗をしたことがありませんか。

そこで、おたま（おたま杓子）の柄の一部を、くの字型（山型）に曲げてみたのです。これで、あたふたする（あわてる）こともありません。

簡単な構造なのに、**おたま**は、**落ちる**こともなくなって、**合格**です。

おたまを発明した人は、**おたま**（あたま）いいね。みそ汁などを上手く**すくう**ことができて、合格点です。みんな、**すくわれます**よ。

思いつき・ひらめきメモ

「2月21日」

あなたが使っているのは、固形石けんですか。

それとも、液体石けんですか。固形の石けん置きは、使用後の、水切りを考えて、いろいろな形のものがあります。

しかし、ほとんどが平面的です。

そこで、石けんを立てて置けるように、タテる台をつくったのです。

これだと、水切れが良く、ヌルヌルした感触もなくなり、**すっきり**します。

使用後は、立てて置けば、早く**乾燥**します。

体も、石けんの収納も、**スッキリ**です。

かんそう（感想）は、いかがですか。

「2月22日」

旅の車中で、駅弁を食べるのは楽しいものです。でも、割り箸を二つに割るとき、片手では、上手く割れません。同じような、体験をしたことありませんか。

そこで、割れ目の一番上を折りやすいように、横に溝をつけたのです。箸置きにもなります。

使うとき、V字型の切り込みのところで、パチンと折れば、割箸と**箸置き**になります。

この**割り箸**、**わり**（割り）と**バシッ**（箸）としてますよ。

箸置きも、**付いて**いて、**ついて**いますね。

思いつき・ひらめきメモ

「2月23日」

急須がいらない、湯呑み茶碗、ほしくないですか。陶芸が好きな人が、茶碗の内側に、くぼみをつくり、その壁に小穴をあけた焼き物の湯呑み茶碗を作りました。

このくぼみに、茶葉を入れて、上から、お湯を注ぐと、湯呑みの中に、**お茶**が出るのです。どんな、会話をするのでしょうね。

お疲れ**茶ま**（さま）です。こころ**温まる**あったかい**お茶**です。了解っ茶。

急須みたら、**蓋**がついてなくて、エクス**キュー**

ズ（急須）ミー（すみません）です。

「2月24日」

頭の体操です。急ですが、初恋を温度にたとえると、何度だ、と思いますか。

初恋のとき、熱くなりすぎて、寝込みませんでしたか。まだ、恋をしていないですか、大丈夫ですよ。一生、恋はできます。

そうだ、**初恋**の**温度**の話でしたね。**39度**

寝込むくらいです。だから、たとえば、**39度**です。と、答える人もいます。

気持ちは、そうだ、と思いますが、答えは、違います。**初恋**は、**一回**だけです。だから、答えは、**一度**（いちど）なんですよ。

思いつき・ひらめきメモ

「2月25日」

マルい形のゆで卵を四角い形（立方体）にする成形具があります。

この成形具の容器に、ゆで卵の殻をむいて入れ、上からフタで、ギューッと押さえて、冷蔵庫で、5分から10分、冷やすのです。

すると、**黄身**までが**四角い形**になる、というのです。弁当箱に詰めるとき、**マルい形**より、**四角い形**のほうが、すき間がなくて、詰めやすいです。**マルい形**のゆで卵、**まるく**収まりません。**マルい形**が**四角い形**に上手くできなくても、**キミ**（君と黄身）のせいじゃないですよ。

「2月26日」

庭の雑草の草取りは、根が頑丈で大変です。

それにしても、……、雑草って、なんてしぶといんでしょうね。小さなシャベルで、いくらつついても、びくともしません。

そこで、思いついたのが、園芸用の**シャベル**の縁に、ヤスリを使って、**ノコギリ**のように刃をつけてみたら、頑丈な**根**も面白いように**切れて**、草取りができたのです。

シャベルだけに、お**シャベル**（しゃべり）しながら、庭の雑草の**草取り**ができたら、**根**を取るだけに、楽しくなりますね（根）。

思いつき・ひらめきメモ

「2月27日」

裁縫をするとき、布に定規を当てて、寸法を決めて、印をつけて、はさみで切ります。

この動作は、繰り返し行なわれます。

そこで、この準備の動作を簡単にできないか、と考えました。それで、はさみの刃の部分に目盛りをつけました。

すると、定規がいらなくなりました。

ここで、頭の体操をしてみましょう。

○○に、**目盛り**をつけたら、便利になるものが、いくつあるか、考えてみませんか。

メモりかい（理解）できますよ。でも、**目盛り不測**で、**メモリー**も、**不足**しそうですね。

「2月28日」

円を四角にする発想から生まれた、口紅式のスティック糊があります。

円形状のスティック糊は、ハバ（幅）を広くすると紙との接触面が広くなります。

そこで、考えたのが、スティック糊の塗り面を四角（長方）形にした、四角柱（長方体）のスティック糊です。**四角**（長方形）だと、のりしろのハバ（幅）に応じて、**縦と横**のハバ（幅）を**使い分け**ができます。**ノリノリ**ですね。

人のハバ（幅）もできます。みなさんは、使う**しかく**（四角と資格）がありますよ。

思いつき・ひらめきメモ

「2月29日」

恋をして、あいあい傘のマークに、二人（アイ・ラブ・ユー）の名前を書いて、並べました。

雨の日、彼女がぬれないように、傘の柄を片側に寄せた傘をつくりました。

二人でジュースが飲めるように、ストローの先を、二つにしました。

カラオケが好きな人が、デュエットを楽しみたくて、**二人用**の**マイクのスタンド**を作りました。いつも、**ラブラブ**で、**二人三脚**です。

今度は、**発明・アイデア**に恋をしませんか。

〝アイデアは愛である〟が一番です。

思いつき・ひらめきメモ

思いつき・ひらめきメモ

3月の言葉遊び

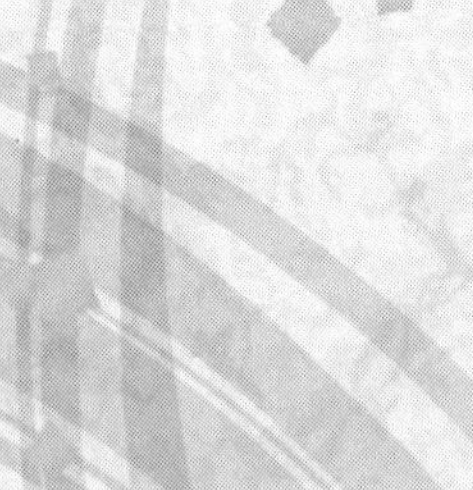

チェックリスト法で、目標を決めよう

「チェックリスト法」とは、課題（問題）を解決する仕方や方法がみつからないとき、課題（問題）の評価をするとき、など、チェックのミスがないように、その項目を一覧表にまとめたものです。

その項目に照らして考えると、新しい発明が浮かびやすくなる、というわけです。

だから、多くの人が使っています。

1. ◯◯を◯◯に使えないか、と考えてみよう。
2. ◯◯からヒントが借りられないか、と考えてみよう。
3. ◯◯を◯◯に変えてみたらどうか、と考えてみよう。
4. ◯◯を大きくしたらどうなるか、と考えてみよう。
5. ◯◯を小さくしたらどうなるか、と考えてみよう。
6. ◯◯と◯◯を取りかえたらどうか、と考えてみよう。
7. ◯◯と◯◯を逆にしてみたらどうか、と考えてみよう。
8. ◯◯と◯◯を組み合わせたらどうか、と考えてみよう。

「3月1日」

花だんや小さな庭に、自分で植えた草木を眺めるのは、楽しいものです。そして、雑草をとり、ほうきではいて、掃除をします。**ほうき**（放棄）したら、いけません。**ほうき**（本気）でやりましょう。ところが、ごみと一緒に土が入ってしまいます。

そこで、ちりとりの背中の部分にアミをつけて、土だけをふるい落とせるようにした、ちりとりを考えました。

しりとりを、ちりとりしながら、**やりとり**したら、**つちがつく**（負ける）のかと、思っていたら、**ふるい落とし**て、**土がとれ**ました。

「3月2日」

容器の内部を三つに仕切った、コーヒーカップがあります。何のために、と思いませんか。コーヒーの味は、モカ、ブラジル、ブルーマウンテン、など、一個、二個、三個（参考）になり、一気に、いくつもの**味**も、三つの**喜び**も、**容器**（陽気）で、体験できる**カップ**です。

また、一度に、三つのコーヒーの味を楽しめる味三昧（**あじざんまい**）です。

この**カップ**で、コーヒーを実際に飲んでみました。すると、**ブレンド**になって、**コーヒー**の**ちゃんぽん**ができていました。

思いつき・ひらめきメモ

「3月3日」

トンカツや紅茶には、カットしたレモンがついています。素手で、レモンを絞ります。すると、手が汚れ、ハンカチが必要になります。

そこで、手を汚さないで、絞れる方法を考えました。

このレモン絞り、一枚の紙を円形にし、片面にポケットをつけて、底をカットしました。

ポケットにレモンを入れて、上部を手前に折り曲げて絞ります。汁は、カットした部分から、落ちます。ハイ、**レモン**です。**カット**した**レモン**絞り、すぐ**れモン**（レモン）です。

「3月4日」

私たちが、いつも使っているものに、取っ手つきのコップがあります。

朝、歯をみがくとき、コップを片手に、自分の歯ブラシを、さがすこと、ありませんか。

いままで、歯ブラシが、すぐに、わかったのは、半分らし（**は**ん**ぶ**ん**らし**）いです。

そこで、考えました。それは、取っ手にガイドを設けて、**取っ手**を**歯ブラシ立て**にする、というアイデアです。

いつも、**コップ**と**歯ブラシ**は、一**組**です。

だから、**歯ブラシ**と、**取っ手**は、**とって**も、仲が良くて、いつも一緒ですよ。

思いつき・ひらめきメモ

「3月5日」

夏みかんが大好きです。だけど、困っていることがあります。それは、皮が厚くて、皮をむくのが大変だ、ということです。

そこで、考えたのが、形を可愛い**小鳥型**にしたプラスチック製の皮むき器です。

皮をむくとき、**くちばし**を、皮に突き立てて、引くのです。皮の深さが一定です。だから、**皮だけ**が上手く**むける**のです。

小鳥型の**皮むき器**は、**かわいい**（可愛いと皮いい）です。小鳥は、**みかん**の**皮**を**むい**て、私の方も**向いて**くれます。

「3月6日」

黒板には、タテの線と、ヨコの線が方眼状に、うすく描かれています。知ってましたか。

なぜだ、と思いますか。黒板に、グラフや図を描きやすいように、うすい線を描いています。

とても便利です。だから、だれでも、キレイに線を描くことができます。

それでも、**線**をキレイに描けないときは、**線**に**すみません**（線）と、いってくださいね。

たとえば、料理が好きな人は、**黒板使う**のかなあー、今日のメニューを書いているみたいですよ。**コック番**（料理の当番）です。

思いつき・ひらめきメモ

「3月7日」

ホッチキスは、便利な文具です。でも、不便なところもあります。

たとえば、針の残量がわからないことです。急いで、パチッとやったが針がない。そのとき、チェッ、となります。

そこで、斜めに着色するのです。**色**をつければ、**いろいろ**、楽しめますね。

ふだん、一番良く使っている、**針**の大きさは**「No.10」**です。「No.10」なのに、一番です。

なぜでしょう、応援グッズだからです。

テスト（試験）のとき、合格点（**10・テン**）がとれるように、**応援**してくれていますよ。

思いつき・ひらめきメモ

「3月8日」

吸ばんを使った製品はたくさんあります。

あなたも、この吸ばんを利用して、何か、考えてみませんか。

マヨネーズの蓋、ケチャップの蓋、コップの底につける。花瓶に、吸ばんをつけて、吸いつける。鏡につける。

このように、吸ばんの用途が浮かぶでしょう。たとえば、両面がタコの足の小さな吸ばんを、くっつけると、用途も、さらに、広がります。

吸ばんの用途は、**9着**（吸着）です。**吸ばん**の順番は、**9番**です。それなのに、目立たないところで、**一番**活躍していますね。

「3月9日」

掛けるものによって、いろいろな形のハンガーを使います。たとえば、自動車を運転する人は、車内でハンガーを使うでしょう。ところが、使わないときは、かさばって邪魔になります。

そこで、中央で、折りたためるように工夫したのです。すると、丸首のシャツなどを干すとき便利です。

ハンガーの形は、**ボーッ**としていないけど、**棒状**が多いです。

使うときは、便利なハンガーを**選択**すれば、**洗濯**をして、**干すとき**も、楽しくなりますよ。

「3月10日」

あなたは、画びょう派ですか、押しピン派ですか。画びょうは、安くて大変便利な文具です。だけど、一つ欠点があります。

掲示板から、抜きにくいことです。

また、爪が痛くなります。

そこで、多くの人が、抜きやすい画びょうを考えます。たとえば、**画びょう**の中央に、**つまみ**をつければ、簡単に抜けます。

つまみは、お酒のつまみだけではないですね。おかずのつまみ食いは、美味しいですよ。

つまみも大切ですが、**つかみ**も大切です。

思いつき・ひらめきメモ

「3月11日」

この運搬棒は、重い物を、両側から二人で支えて運搬する、マルい一本の棒（道具）です。使うとき、二人に、背丈の差があると、荷物は片側に滑ってきて、バランスがくずれます。

そこで、棒の中央に軸（凸部）を2本、立てて、荷物が片側にずれないように工夫したのです。重い物を二人で運ぶとき、とても便利です。

いつも、二人は、荷物を運びながら、重い、思いに、会話を楽しんでいますね。

バランスが取れて、**棒**だけに、いい**相棒**です。

……、と、いっていますよ。

「3月12日」

ご飯などを、冷凍保存するとき、ラップフィルムを使う人がいます。そのとき、いつも使い捨てで、もったいない、と思っている人も多いでしょう。

そこで、容器を区分けした、プラスチック製の保存容器を考えました。

ご飯を小分けして、冷凍して保存し、**一食分**ずつ、**取り出しやすい**ように、**容器**の**底**に**穴**を**開け**、中身を下から軽く押すだけで、取り出せるように工夫したのです。

食べるときは、どうなるのでしょうか。

その**こたえ**（答）は、**解凍**（解答）ですね。

思いつき・ひらめきメモ

「3月13日」

浴室の掃除をするとき、足が濡れないように、お風呂用のブーツを履きます。

だけど、お風呂の清掃をするとき、水のはね返りで、すねの部分が濡れて、文句を言う人がいます。

そこで、考えました。

ジャバラを使った、**浴室**の**ブーツ**です。高さを調整（伸縮）できるように、したのです。

短い状態で履いて、**ジャバラ**を適当な高さまで伸ばせば、すねの部分を保護してくれます。

これで、**ブツブツ**（ブーツ、ブーツ）、**湯**わ（いわ）なくなりますね。

「3月14日」

数字を書いた積み木、遊びの中で、数の足し算（合成）、引き算（分解）や繰り上がり、繰り下がりの学習が、自然にできるように考えた、積み木の玩具です。

遊びの中で、数を足したり、引いたりして、楽しめます。**積み木**も、**勉強**も、**積み重ね**ることが、大切です。

だから、**積み木**と**積み木**を**ニコニコ**（2個）しながら、**積み重ね**るのですね。

子どもだけでなく、認知症予防として、高齢者の施設などでも、人気がでそうな**積み木**です。

思いつき・ひらめきメモ

「3月15日」

最近の台所は、冷蔵庫などの大型化で、マグネット（磁石）を使える場所が増えました。

それで、裏面にゴム磁石のついたマス（箱）の容器が、販売されています。ところが、幅が広いものは、マスに納まらないのです。

そこで、マスをタテに、切断して、二つにするのです。すると、ブックエンドのように、マスの間隔が広がります。二つのマスが自在に対応して、フリーサイズになるのです。

たとえば、**料理**の**本**を**開**いてください。**メニューの数**も、用途も、広がり**ます**よ。**マス**の間隔も、**マス**、**マス**、広がり**ます**ね。

「3月16日」

マンションの狭いベランダに、植木鉢を並べて、楽しんでいる人、多いでしょう。

でも、水やりのあと、いつも困ることがあります。それは、長いノズルのじょうろを置く場所です。

そこで、思いついたのが、一升瓶のような容器をつくり、その口の部分に放水管をつけて、**じょうろ**を**縦形**にすることです。

立場を**タテ**てもらった、じょうろは、元気になり、**カッコ良く**なりました。

会話の**話題**も、**キレイ**な**花**も、**咲かせて**くれますよ。

思いつき・ひらめきメモ

「3月17日」

ストローの首のところに、ジャバラがついています。それをヒントにして、伸び縮みする貯金箱を考えた人がいます。上手いこと考えたなあー、と思いませんか。

貯金（**お金**）は、伸びる（**貯まる**）ことだけを考え、マーネ（マネー）といってますね。

そこで、この**ジャバラ**、**伸縮**を応用して、あなたも、○○を○○に使えないか、と考えてください。

たとえば、**双眼鏡**などに、**応用**できます。大きさなど、**自遊**（由）**自在**です。

遠くも、**将来**の**展望**も、**良く**みえますよ。

「3月18日」

木（竹）の軸を放射状に並べて、その上に紙を貼り、折り畳み式にした、風を起こす扇（おおぎ）は、扇子（せんす）とも呼びます。

この扇、コストを安く、簡易形で、厚紙でつくれないか考えました。

そこで、小さい形の扇状片を3枚つくり、3枚の側部分を**カギ**のように折り曲げて、**掛け合う**ようにしてつなげたのです。

扇状片の3枚を重ね、軸を中心にして扇状に広げて使います。**紙製**の**扇**（おうぎ）の**センス**がいいか、**センス**の**扇状片**の**デザイン**が**カギ**を**握って**いますね。

思いつき・ひらめきメモ

「3月19日」

水をくむときに使う円筒形のバケツの形状をハートの形にしました。

バケツの欠点は、小さな口の容器に、たとえば、水を移すとき、注ぎ口がないため、水がこぼれます。外形が円筒形で、腰に上手くフィットしなくて持ちにくいです。

そこで、バケツ本体をハートの形にしたら、室内装飾の容器にもなりました。

使ってみると、形が**ハート**なので、**ハット**（ハート）して、笑顔の会話も増えますよ。

バケツには、**えん**（円と縁）と、**こころ**（ハート）がありますよ。

「3月20日」

スプーンは、食事をするとき、たとえば、スープを飲むとき、食品を載せて、食べるときに使います。

そこで、発想を変えて、スプーンの改良を考え、スプーン本体を二つに割って、ピンセット式にしたのです。すると、スプーン一本で、すくう、掴む、刺す、切る、挟んで載せる、引き上げる、などの使い方ができるようになったのです。**すごい**、と思いませんか。

箸を上手く使えない人には、便利な**ピンセット式**の**スプーン**です。**スプーン**は、**1本**ですが、**スプーンいっぱい**（一杯）の**しあわせ**です。

思いつき・ひらめきメモ

「3月21日」

カード式の鍵、**カード式**の印鑑、**カード式**のボールペンなど、**カード**は、生活の中に定着しています。

そこで、もっと、身近なところで、**カード式**にできないか、と考えました。

それが、**カード式**の**クリップ**です。

全体をプラスチックでつくり、2列に、10個のクリップを1枚のカードにしました。

カードの**種類**が増えると、**いろいろなケース**が生まれます。大切な**カード**を、この**カード式**の**クリップ**が、大切なカードの**思い出**を、**ケースバイケース**で、**重ねて**くれます。

「3月22日」

靴ベラは、靴を履くときに使います。

それが、一般的です。

そこで、靴ベラを、靴を脱ぐときも、靴を履くときにも、使える靴ベラを考えました。

この靴ベラは、靴ベラの先に、切り込みを二カ所、設けています。そこがポイントです。

この切り込みを靴のかかとの上縁に当てて、靴ベラを下にグイッと押します。

すると、スポッと靴が脱げます。**靴**を**履く**ときも、**靴**を**脱ぐ**ときも、**靴**を大切にできますね。

この靴べら、スムースに使えるので、**くつう**(靴と苦痛)を感じないのです。

思いつき・ひらめきメモ

「3月23日」

座布団を二つ折りにして、ゴロ寝用の枕にする人がいます。ただ、二つ折りにすると、座布団の形が崩れます。

そこで、ゴロ寝専用のクッション（座布団）を考えたのです。かまぼこの形にしたのです。

すると、枕や胸当て、として使ったとき、具合がいいのです。

また、両側にバンドをつけて、簡単に、持ち運びができるようにしました。

横になって、テレビをみるときも楽です。

私の**コレクション**は、**これ**、**クッション**（座布団）です。

「3月24日」

この容器は、パンダ、ネコなどの、動物の顔の形のゆで玉子をつくる、**カタ**「型」です。

ゆで玉子をつくるときは、生玉子を割って、中身だけを**カタ**「型」の容器の中に入れます。

そして、フタをします。

それを、お湯の中に入れてゆでます。

容器から、取りだすと、動物の顔の形に固まったゆで玉子が、できています。

可愛い、**動物**の**顔**の**ゆで玉子**は、多くの人を笑顔にしてくれます。

湯（**ゆ**）で**玉子**を**ゆでた**のは**孫**です。

思いつき・ひらめきメモ

「3月25日」

長い髪の人は、シャンプーをしたあと、ドライヤーを使うまで、しばらくの間、髪を束ねている人がいます。

ところが、既製品のタオルは、全体が布地で、厚さが均一のため、「こぶ結び」がうまくできないのです。

そこで、タオルの長さをロングサイズにしました。さらに、全体を薄い織部、厚い織部、薄い織部の３つに分けて、織り方を変えたのです。するとと、「**こぶ結び**」が簡単にできます。

ロングサイズの**タオル**に**たよる**（タオル・頼る）ことにしましょう。**結び**の一**番**です。

「3月26日」

スイカは、かぶりつきながら、食べたいですよね。ところが、口の両端から、果汁が流れて、手や服を汚してしまいます。

そこで、工夫したのが、先端に２本の角をつけて、両側をノコの歯にした、ナイフ兼用のフォークです。このフォークで、果実を切ったり、角で刺したりすることができます。

１本で、いろいろな使い方ができる、フォークができました。

スイカ（西瓜）、**水曜日**か、**火曜日**に、食べてくださいね。

なぜですか。**すい・か**（水・火）です。

思いつき・ひらめきメモ

「3月27日」

表面に多数の突起をつけた健康サンダルは、多くの人が使っています。

このサンダルで、足の裏に集中する、胃や心臓などの身体の神経を刺激しているのです。

この足の裏を刺激する点に、注目し、考えたのが、ローラーを一定の間隔で、並列に並べた、ローラー型の指圧器です。

各ローラーの上に足を押しつけて、**足を前後**させると、**指圧**ができます。

○○をしながら、タダで健康になれたら、最高です。**椅子**に座りながら、気持ちが、**イース**（いいです）ねー、といいたくなりますよ。

「3月28日」

洗濯ネットは、長方形と球形のものが多いです。**球形**が多いのは、**休憩**（きゅうけい）したいからでしょう。そうか、休憩をしたい合図だったのですね。

洗濯ネットを円筒形に**改良**した人もいます。

洗濯ネットの中間に隔壁を作り、二室にしたのです。チャックを開いて、たとえば、左側に、靴下を入れ、右側に、シャツを入れます。

円筒形の**洗濯ネット**を**せんたく**（選択）すれば、**洗濯**をしたあと、そのまま、干せるのです。

干すときに、**ムダ**な作業がなくなり、**高率**で乾くし、**効率**もいいですよ。

思いつき・ひらめきメモ

「3月29日」

通常の泡立て器のワイヤは、先端がクロスするように取り付けられています。先端がとがった形状になり、ゆで玉子をつぶすとき、ゆで玉子が逃げてしまうのです。また、味噌を取るとき、中に入り込んでしまいます。

これを解決するために考えた、味噌取り兼用の泡立て器は、ワイヤを平行に組みました。するど、**泡立て**以外にも、たとえば、味噌もすくえて、ゆで玉子もつぶすことが簡単にできます。

この**泡立て器**があれば、**あわてる**（泡立てる）こと、ないですね。

「3月30日」

背中がかゆいとき、昔から孫の手を愛用している人が多いと思います。

でも、先が丸くて、可愛い形状なので、ものたりないときがあります。

そこで、孫の手の表面に粗（あら）目の優しい素材を貼り付けました。

これを使えば、背中に、優しい手が伸びます。思いやりがあって、いいと思いませんか。

孫の手のネーミングを、もっと**可愛く**変えて、**ひ孫の手**にしました。いい手でしょう。

シャレて（手）いるでしょう。

思いつき・ひらめきメモ

「3月31日」

簡単なルールで、だれでも楽しめる、オセロのゲームは、白・黒（2個）のコマを裏返して、陣地を決めます。もっと、簡単な玩具はできないか、と考えた人がいます。

ジャンケンで、勝負する玩具です。「グー・チョキ・パー」の小さな3個のコマを、手の形にしたのです。そして、コマを前に動かします。相手のコマを取りつくした方が勝ちです。

ジャンケン「**グー・チョキ・パー**」は、**白・黒**の**コマ**を**サンコ**ウ（参考）にしました。**小**さな**3個**の**コマ**は、**小3**（勝算）ありです。

思いつき・ひらめきメモ

4月の言葉遊び

はっきりいえる目標を決める

だれだって、お金を貯めたい。……、と思っています。

そこで、発明家のAさんに、具体的な目標を聞いてみました。……、私は○○年○○月までに〃100万円〃貯金したいと思っています。

その目標は〃2年〃です。

Bさんに、聞いてみました。……、私は○○年○○月までに、〃20万円〃貯めたいです。

さらに、○○年○○月までに、〃50万円〃貯めたいです。……、と答えてくれました。

このように目標をはっきりすることです。

それで、はじめて、それに適した計画がたてられます。それで、実行することができます。

だから、ぼんやりとお金を貯めたい。……、ではいけないのです。

それでは、いつまでたっても貯金はできませんよ。

◆具体的な目標がポイント

○○の発明をまとめて、形「製品」に結びつけるのも同じです。

○○の発明が私の「テーマ（題材）」です。このテーマ（題材）は、知識が豊富で、得意な分野です。市場性があります。大きさ（寸法）を決めて、図面（説明図）も描けます。「明細書」も書けます。

「売り込み（プレゼン）」は、第一志望、第二志望の○○会社に提案します。……、といえる、具体的な目標がポイントです。

「4月1日」

スーパーや、八百屋さんで売られているキュウリは、大きさも同じで、まっすぐなものばかりです。ところが、キュウリは、すべてがまっすぐに育つ、というわけではありません。

　曲がったものも、あります。

　そこで、キュウリが**まっすぐ**に育つように、透明なチューブの矯正具を考えました。中には、**形**が**曲**がってしまうものもありますが、キュウリの性格は、素直で、まっすぐで、**正確**です。

　多くのキュウリは、**まっすぐ**に、**素直**に、**育**って、**美味しい**ですが、なかには曲がってしまい、**おしい**（美味しい）ものもあります。

「4月2日」

お風呂の湯かげんをみるとき、手を湯の中につっこんで、温度を確認することは、面倒です。

　そこで、湯かき棒に温度計をつければ、手が濡れることもなくて、いいと思ったのです。

　本人は、素晴らしいアイデアだ、と思って、手づくりで、試作品をつくってみました。

　温度計をつけた湯かき棒は、本当に便利です。

　その、**湯かき棒**を**赤ん坊**（あかんぼう）が使いました。

　湯かき棒は、開発をスタートしたばかりです。まだまだ、**あかん棒**です。

思いつき・ひらめきメモ

「4月3日」

ポケットの中で、小銭の音がジャラジャラすると、気になりますよね。

そこで、軽装でも、持ち歩くのに便利な小銭入れを考えました。ポイントは、内面の全体をマジックテープⓇにしたことです。

内側の片面に、オスを、反対面には、メスを貼り付けました。すると、**オス**と**メス**の**両面**が**ピッタリ密着**するのです。**恋**をしている二**人**は、いつも、くっついて、**ピッタリ**です。

マジックテープⓇです。だけど、**マジック**ではありませんよ。

「4月4日」

電車に乗っているとき、つり輪にお世話になることがあります。電車が揺れるからです。

そのとき、つり輪を二つ重ねて、V字形に握ると、しっかりします。

そこで、つり手をV字の形にしました。それを電車の会社に「売り込み（プレゼン）」ました。でも、反応はありませんでした。電車は、ゆれが少ないからです。

今度は、**バス**の会社に「売り込み（プレゼン）」ました。すると、嬉しい返事が届きました。

バスですよ。**パス**しなくて、はなしに、**のって**（乗って）くれました。

思いつき・ひらめきメモ

「4月5日」

このハンガーは、普通の角ハンガーです。

でも、よくみると、違うところがあります。

それは、中央の数個のピンチを黒色にしたことです。この黒色のピンチは、バネの太さを二倍にしたのです。すると、強く、挟めます。

いろいろな種類の洗濯物に、対応ができます。

ピンチの**一部**の**種類**を変えただけです。

だから、**開発**の**費用**は、かかっていません。

しかも、**重い**もの、**軽い**ものが**挟め**ます。

追い詰められて、ピンチなのに、**角ハンガー**の**中**で、**ピンチ**は大活躍します。

「4月6日」

スナックなどのお店には、カラオケがあります。会社では、おとなしいのに、マイクを握ったとたんに、イキイキする人がいます。

そして、マイクを握ったら、放さないのです。

歌いながら、ビールを飲みたいが、マイクを放すと、**次の番**が、すぐに、回ってこないから放せません。

次の晩（ばん）は、明日ですね。

そこで、考えたのが、**コップ**に**マイク**を**取りつける**ことです。これから、ビールを飲みながら、**カラオケ**ですか。ハイ、いま**からオッケー**（カラオケ）です。

思いつき・ひらめきメモ

「4月7日」

雨の日、買い物帰りに、紙袋を下げて、しかも、傘を手にして、両手が使えず、電車やバスの中で、揺られて、大変な思いをしたこと、ありませんか。

そこで、考えたのが、湾曲している傘の柄の内側に、フックをつけたのです。そのフックに、紙袋などの荷物をつり下げます。

一方の手は、**つり革**をつかめるので、バランスが取れます。**傘**の**柄**も**握り**やすくて、**つかみ**がいいんだよ。

かーさ（傘と母）ん、ポイントは、**傘**の**柄**だよ、**エ**（柄）ーッ、すごいね。

「4月8日」

フルーツカクテルを飲みたくて、びん詰のフルーツを、スプーンですくいました。

すると、フルーツと一緒に汁が入っています。

それでは、カクテルがまずくなります。

そこで、スプーンの中央に小さな穴をあけました。問題解**穴**ですね。

びん詰の中のフルーツをすくうとき、小さな穴から、汁気が落ちるので、とても、便利です。

そのオチがいいですね。

フルーツだけとりたいとき、汁気がとれるので、美味しくいただけます。

スプーンの便利さの**機能**（昨日）も、スプーンの強さの**強**（今日）も、大切ですよ。

思いつき・ひらめきメモ

「4月9日」

カットしたレモンを素手で絞るとき、上手に絞ることはむずかしいです。それは、レモンの皮がかたいためで、ムダになる部分も多いからです。しかも、手が汚れるし、不衛生です。

そこで、考えました。凹状の容器の本体と取っ手に凸状の突起を設け、押さえ部を組み合わせた、小鳥の形のレモンの絞り器です。

絞ったレモンの汁は、**容器**の**先端**の**小鳥**の**クチバシ**から流れる仕組みです。

すぐ、**レモン**ください。小鳥の形の**レモン**の絞り器、優**れモン**ですね。

「4月10日」

この発明は、机やテーブルの上の、たとえば、消しゴムなどの小さなゴミを寄せ集めるためのミニのちり取りです。

机やテーブルの上に消しゴムのカスなどの小さなゴミがあると、そのゴミをいつも手で寄せ集めて捨てるとき、手が汚れます。

そこで、小さなゴミを簡単に寄せ集められるように、形を小さくして、ミニのちり取りにしたらどうか、と考えたのです。

いまでは、机やテーブルの上に、なくてはならない必需品です。ミニの（小さい）**ちり取り**ですが、**ビッグ**な（大きな）**活躍**をしますよ。

思いつき・ひらめきメモ

「4月11日」

ゴルフのパターの練習用に人口芝が売られていますが、置く場所のサイズが合わないこともあります。

そこで、考えたのがゴルフボールの表面に、粘着剤で人工芝を貼りつけたゴルフボールです。

どうか（廊下）と思ったのですが、使ってみると**グリーン**を**転がる**感じがします。

この**ゴルフボール**と**パター**さえあれば、どんな場所でも、練習ができます。

ゴルフボールは、**きゅう**（球と急）です。

だから、**急**に**パター**の**練習**をしたくなっても、大丈夫です。

「4月12日」

ミニのグローブを小銭入れにした、キーホルダーです。１００円玉なら、５個くらい入ります。みたいでしょう。小銭入れをミニ（みに）に行こうか（硬貨）。ＯＫです。

ランドセルやカバンにつけておけば、アクセサリーになります。子どもは、だれでも、ランドセルやカバンを飾りたがります。その子どもの心をとらえたところもいいですね。

アクセサリーと**財布**の**組み合わせ**も、面白いです。**ミニ**の**グローブ**は、**小さく**ても、**大きな夢**を**キャッチ**できますよ。

思いつき・ひらめきメモ

「4月13日」

デパートなどで、買い物をしたときに、品物を大きな手提げ用の紙袋に入れてくれます。

その中に頭を突っこんでいれば、3分間は呼吸ができるそうです。それをヒントにして考えたのが、紙製の手提げ袋に窓をつけて、万が一の火災時に、頭からスッポリかぶると、買い物袋型簡易酸素マスクになる、というものです。

非常時には、**袋**を頭にかぶり、**お袋さん**を連れて、煙をさけながら、**安全**な**場**所へ、**3分間**走ってください。**移動**、避難できます。

そのままでは、まずいです。**いどう**（移動）しましょう。まずいぞうです。

「4月14日」

洗濯をするとき、だれでも、はじめは白いものを洗濯し、その次は、色物を入れ、最後に黒い靴下などを洗濯機の中にいれます。

すると、洗濯機の中には、白い糸くずが水にただよっています。

そこで、考えたのは、リングに吸着盤と円すいのネットを設けて、洗濯機の内側に吸い付くようにしたのです。水がネットを通して、循環している間に、**糸くず**をとってしまうのです。

夜（ナイト）、**洗濯する**か、**洗濯しないと**の**選択**肢、どうしますか。ナイト（夜）の**せんたく**は、ないと（ナイト）です。

思いつき・ひらめきメモ

「4月15日」

外出時、地震に遭ったらどうしよう。

そんなこと、考えたことありませんか。

地震をテーマに考えたのが、頭を保護する**カバン兼用の防災頭巾**です。

ふだんは、カバンです。危険な状態のとき、カバンのチャックを開ければ、**防災頭巾**に早変わりします。

買い物で外出時の主婦や登下校の子どもに、使っていただきたい発明です。

じしん（地震）は、ないほうが、いいですが、自分の発明には、**じしん**（自信）があっても大丈夫です。

「4月16日」

乳児に、ミルクやスープなどを飲ませます。

そのとき、スプーンを使って、口元にもっていこうとします。ところが、上手にできなくて、こぼしてしまいます。

そこで、工夫したのが、スプーンの深さです。それにカバーを取り付けました。

そのスプーンの先を、お母さんの乳頭の形にして、その先に孔をあけました。

こうすると、こぼさずに、飲ませることができます。可愛い**赤ちゃん**がいいました。

やさしいママに、「私は、**あ**、**母ちゃん**の**あかちゃん**よ」。

思いつき・ひらめきメモ

「4月17日」

耳かきを大きく分けると、スプーン型とスクリュー型があります。

このような耳かきも、耳掃除をするとき、耳の中がみえないので、使いにくいです。

そこで、本体に、電池と電球を内蔵して、光が出るように工夫しました。

きれいに、耳そうじができるライトつきの耳かきです。

本体に、スプーン型の耳かきをつけています。

これで、耳掃除もしやすくなりました。

身内に、**耳打ち**して、これは、**いいや**（良い・耳・イヤー）といっています。

「4月18日」

プラスチックなどの軟質板の表面にネットを片端から開けるように取りつけた、ハンカチを広げて干せるハンガーを考えました。

軟質板の表面に、洗ったハンカチを数枚広げ、ネットをかぶせて、ボタンでネットが表になるように丸めて止めて、筒状にして、干し竿などに、掛けます。アイロンをかけ（掛け）なくてもいいから、とても便利です。

たとえば、スポーツ大会で、クラスを班分けすると、**ハンカチ**を持っているチームが、勝ちます。**ハンカチ**（班勝ち）です。

思いつき・ひらめきメモ

「4月19日」

サイクリングのとき、ズボンの裾がペダルやチェーンにからまったりします。

そこで、考えたのが、裾を固定する、セーフティバンドです。

細長いゴムの先端にマジックテープⓇを取りつけました。ゴムを伸ばし、外側をマジックテープⓇで固定するのです。

これだけで、裾が締めつけられるので、ズリ落ちる、心配がありません。

快適な**サイクリング**に、**一役買い**そうです。

思いつき・ひらめきメモ

サイクリングは、**アウト**（Out）ドアですが、**セーフ**（Safe）ティバンドで、**サイクリングー**（Good）ですよ。

「4月20日」

赤ちゃんは、生後7～8カ月ごろから、歯みがきの習慣をつけるため、練習をします。

そのために、いろいろな工夫がされています。たとえば、歯ブラシは、柄の部分から音が出るようにしたもの、口の中に、突っ込みを防止できるように、取っ手に**円状**の**安全プレート**を設けたものがあります。

歯ブラシ、**いや**がらないでくださいね。それぞれ、愛情あふれる歯ブラシです。

ダジャレ（言葉遊び）は、イヤですか。

歯ブラシにも、ダジャレにも、**突っ込み防止**が必要ですね。

「4月21日」

コーヒーやジュースを飲むとき、グラスに氷を入れます。飲み物が冷たくなるのはいいのですが、とけた氷で、水っぽくなってしまいます。そんなことを体験したことありませんか。

そこで、透明なボールの容器に水を入れて、とけない氷を考えました。これなら、飲み物を冷やすのに、何度でも使えます。時間が経過しても、同じ濃さの飲み物が飲めて、便利です。

経済的で、おとくです。**ボール**の**容器を凍ら**せて、冷凍庫に入れ**とく**と、お**とく**です。

すると、いつでも、**凍ったボール**を**コール**（凍る）できます。

「4月22日」

料理をするとき、不便なことがあります。それは、鍋のフタを置く場所です。熱いままテーブルの上に置くわけにはいきません。汁や水がたれることもあります。

そこで、考えたのが、鍋のフタを立てられるように、取っ手にU字型の切り込みを設けました。その切り込みの部分にフタを立て掛けられるようにしたのです。

簡単な構造ですが、だれでも、よくわかる効果です。**蓋つき**になると、蓋と鍋、**ふた**つ気（ふたつき）になりますね。

思いつき・ひらめきメモ

「4月23日」

可憐な花を3つ咲かせることができる、お金の花が咲く貯金箱があります。植木鉢に厚紙でフタをして、中央に硬貨の入り口を設けました。その上に、3本、枝を立て、枝の先端には、それぞれ、花に見立てた丸型の硬貨受けを設けました。

枝先の硬貨受けに、硬貨を乗せると、左右どちらかに回転して、コインは植木鉢の硬貨受けに転げ込むしくみです。

リズミカルで**愛**くるしい**貯金箱**です。

集金は、いつするんですか。

毎**週金**曜日です。**しゅうきん**（週金）です。

「4月24日」

いやー、外は暑いねー、なんて、いいながら、パッと上着を取って、椅子の背に掛ける人がいます。上着は、ゆがんだままです。背中に押しつぶされます。あるいは、床にすべり落ちたりします。……、体験された方も多いでしょう。

そこで、上着が形くずれしないように、椅子の背の部分に、ハンガーをつけたら、どうか、と考えた人がいます。

外出するとき、**上着**は、**椅子**に掛けたままでいいですか。い**いす**（椅子）よ。

チョッキで、**直帰**するのが**ベスト**です。

思いつき・ひらめきメモ

「4月25日」

長いものを小さく納める方法の代表的なものが、巻く、折りたたむです。

巻くは、トイレットペーパー、紙テープ、セロハンテープなどです。電気掃除機のコードも巻き込み式が多いです。

巻き尺は、物差しを巻いたものです。

一方、この物差しを、折りたたむ方式にしたのが、大工さんなどが使ってきた折れ尺です。

たとえば、**トイレットペーパー**の大きさ（長さ）がわかるように、**スケール**を印刷しました。**巻いた紙**（長さ）を使いすぎないように、**目盛り**を**メモ**しました。**メモ理解**できましたか。

ハイ、メジャーになれました。

「4月26日」

ホッチキスの針外しは、器具（ホッチキス）の後についているツメを差し込んで外すやり方が一般的です。ところが、紙をいためるし、外した針が、どこかへ飛んでしまいます。

そこで、改良しました。

プラスチック製の半円筒の先にツメをつけ、下側に三角形の小さな板を直角につけました。

使うときは、ツメをホッチキスの針の下に入れて押すだけです。

針が紙から浮き上がって、取れます。

ホッチキスの**針外し**が、上手にできたら、**ほっちkiss**（ほっぺにチュー）ですね。

思いつき・ひらめきメモ

「4月27日」

ネクタイは、ハンガーなどに掛けても、すぐに、すべり落ちます。それで、困ってしまいます。ネクタイは、一方が太くて、一方が細くできています。

だから、ネクタイは、落ちるのです。

そこで、すべり落ちないネクタイ掛けを考えた人がいます。ブラシをつけたネクタイハンガーです。

ここで、**会合**の**しめ**の**挨拶**は、**ネクタイ**を**しめ**ている人を**しめ**い（指名）しましょう。

しめの**挨拶**も、**ネクタイ**も、一**本じめ**で決まり、ですね。

「4月28日」

姿、形がユーモラスなやかんと鍋をくっつけたやかん鍋です。めん類が好きな人は、鍋でめんをゆでます。ところが、ゆでた湯をこぼすときに、めんが流れ出ることがあります。

お湯を流すことを考えて、やかんを利用しようか、と思いましたが、本体の口が狭くて、めんを取り出すのが大変です。

そこで、本体の口の広い**鍋**と、ゆでたお湯をこぼすのに便利な**やかん**の細い注ぎ口を**組み合わせ**ました。

やかん鍋は、**ちょうり**（調理）用に、効率がいいので、**ちょうり**（超利）用できますね。

思いつき・ひらめきメモ

「4月29日」

小さいものを、大きくするのは、発明の定石です。

短いものを長くするのも、同じです。

ストローといえば、真っ直ぐなものが一般的ですが、ストローを渦巻き状にして、長くした人がいます。

透明なストローの中を、赤や緑の液体がグルグル回りながら、登ってきます。

やがて、口に到達します。

渦巻き状の**ストロー**を使ったとき、どちらが**速い**か、二人で、**飲み物**を**吸**ってください。

ストローだから、**ロー**（低速）でしょう。

「4月30日」

お酒が好きな人たちは、仕事、スポーツの練習試合などが終わると、一杯行くかぁー、といった会話をしています。

季節に関係なく、ビール、洋酒、焼酎、などで、テーブルの上は、いっぱいです。

そこで、考えたのが、水差しの上に、氷入れを重ねる方法です。

そして、氷入れの底には、穴をあけました。

水差しに、水ではなく、酒をこっそり入れた人がいます。

酒（さけ）**バレた**のは、氷がとけて、**酒がうすく**なり、水っぽい、**酒がうすい**、と、**叫**《さけ》**ばれた**からですね。

思いつき・ひらめきメモ

思いつき・ひらめきメモ

5月の言葉遊び

大事にしていただきたいことがある

○○の発明を形「製品」に結びつけるために、大事にしていただきたいことがあります。それは、まず、日々の生活を安定させることです。

ときどき聞くことですが、私は子どもを大学に進学させるための費用を○○の発明の、「ロイヤリティ（特許の実施料）」で支払いたいです。

私は、いまお金がなくて、日々の生活が大変です。○○の発明を○○会社に「売り込み（プレゼン）」をしてください。

図面（説明図）は、描けません。「明細書」の書き方は、知らないので、まとめられません。

それなのに、それを資金にして、次の発明をまとめたいです。

……、などという人がいます。

しかし、これは、とんでもない間違いです。発明を考えることはやさしいです。だから、だれでも発明はできます。だけど、○○の発明を形「製品」に結びつけるのはむずかしいです。

素晴らしい発明が利益を生むには、形「製品」にまとめるため、日数がかかります。

そんなものをあてに生活を考えるのは、はなはだ危険です。まず、小さな収入を得て、とりあえず生活を安定させることです。

「5月1日」

スプリング（バネ）の伸縮する力を利用したもので、登山をするときに使う装置を考えました。ベルト（バンド）と、左右の足にスプリングを取りつけたものです。

急な坂を登るとき、スプリングの伸縮する力を利用するのです。すると、足がポイと上がります。なるほど、と感心するでしょう。

これなら、**登山**も**ラク**（楽）ができます。だから、**楽**しめるのです。

この発明は、**スプリング**です。季節は、いつも、スプリング（春）ですね。

評価は、**登山**だけに**マウンテン**（満点）です。

「5月2日」

体重は、簡単に増えますが、減らすのは大変です。ダイエットするために、ランニングマシンなどは、大モテです。

ペダル踏み器も、そうです。これは、走らない固定自転車です。

毎日、ペダルを踏み続ければ、相当、体力を使うでしょう。

数分、続けると、汗が出てきます。

そこで、ペダルを踏めば、同時に、シャワーが出る、ペダル踏み器を考えたのです。

ダイエットって、**何だい**、えっと、**なんだい**（難題）でしたか。**自転車**は、**一台**ですよ。

思いつき・ひらめきメモ

「5月3日」

ちょっと離れた、屑かごに紙くずを投げます。上手く中に入ってくれればいいのですが、外れることが多いです。すると、もう、紙くずを拾うのが面倒になります。

そこで、考えたのが、屑かごに背当てを設けた、バスケットゴールの屑かごです。バスケットボールのように、シュートするとき、直接網の中に入れようとすると、むずかしいけど、バックボードに当てると、入りやすいです。

その理屈を利用した屑かごです。

ゴミを**屑かご**の、ボールゾーンに**投げ**て、**散**らかしました。ごみん（ごめん）なさい。

「5月4日」

電車の中で、コックリ、コックリ、とふねを漕いでいるときはいいのですが、そのうちに、隣の席の人の肩に体をあずけて、……、いい方（肩）だと思いますが、迷惑なことです。

そこで、考えたのが、居眠り安全装置です。帽子の後頭部に、吸着盤をつけたのです。ガラスの窓に、吸着盤で固定します。帽子に、行き先を書いた、メモ書きを貼るのです。

終着駅まで、気持ち良く眠れます。

着いたのは、**終着駅**でなくて、**ガラス**の**窓**です。**吸着盤**（番）で、しかも、**9着**（吸着）です。

思いつき・ひらめきメモ

「5月5日」

野球場です。ただいま、6回の表、○○チームの攻撃中ですが、雨足が強くなってしまいました。球場は、スタンドが狭いです。傘が重なり合って隣の傘の雫がポタポタと肩に落ちます。

そこで、考えたのが、**Y字状**の形で、上に開き、隣の人に雫がかからないように工夫した、スポーツ観戦用の傘です。

たまった水（雫）は、柄の筒の中を通って、下に流れるようにしています。

傘、**ない**ですか。でも、**貸さなーい**です。

YY（ワイワイ）、**騒ぎ**ながら、カップルの二人は、**II**（**相合**）傘ですね。

「5月6日」

折りたたむ、ことは、ただ、小さくすることだけを考えないで、大きくしたり、小さくしたり、伸縮自在に考えれば、いいのです。

そこで、工夫したのが、どんな鍋にも使える蒸し器です。小さな穴をあけた金属板の羽を、組み合わせて、広げたり、縮めたりできるようにしたものです。

ここに、芋などをのせ、**鍋**の**中**に入れれば、穴から湯気が上がって、**蒸し器**に、**変身**（ヘンシーン）するのです。

芋の蒸し方が、簡単に、ま**なべ**（学べ）て、蒸し器は、い**いも**んですね。

思いつき・ひらめきメモ

「5月7日」

畳みに座るのは、足がしびれるので、つらいです。しびれは、足の甲が体の重みで、畳みに押しつけられ、皮膚と骨の間の血管や神経が圧迫されて起きる、というのです。

そこで、体の重みで、しびれない、座椅子を考えたのです。座椅子の背の部分を、途中から前に折れるようにした、低い腰かけです。

座ると、足が入るくらいのすき間ができます。だから、足の重みがかからないのです。

座椅子で、い**椅子**か（いいですか）。

椅子に座って、定食を食べますが、ごはんは、腰かけが低いので、半ラ**イス**にします。

思いつき・ひらめきメモ

「5月8日」

ジャガイモの芽は、取りにくいです。

包丁の刃元で、取りますが、上手く取れません。そこで、いろいろ、試してみました。

たとえば、ピンセットで、つまんでみたり、耳かきみたいなもので、芽を取ってみました。でも、上手く取れません。たまたま、鳥がキュウリをつついているのをみて、ピンときました。それで、ピンセットの先を鳥の口ばしのようにすればいい、と思ったのです。

こうして生まれたのが、**ピンセット**の**形**の**ジャガイモ**の**芽取り器**です。**ジャガイモ**の**芽を、トリ**（鳥）が、簡単に**トリ**（取り）ました。

「5月9日」

毎日毎日、ハンガーに、お世話になっています。でも、ときどき、困ることがあります。たとえば、服が滑り落ちる、形崩れする、など、不便なことを体験します。

そこで、ワンタッチで貼りつけられるカギ状になっているフック面のマジックテープ®をハンガーの両肩に貼りました。

これが、**すべり止め**になるのです。

マジックテープ®の**カギ**状を使うのが**鍵**（カギ）です。

受験の**すべり止め**は、**落ちる**か、**落ちない**か。**すべり止め**だから、どちらか、一つを、**せんたく**（選択と洗濯）しなくても大丈夫です。

「5月10日」

体重計は、重い荷物を量るときにも、重宝します。そのとき、困ることがあります。台の上面に、荷物を載せると、目盛りがみえないことです。

そこで、考えたのが、上面だけでなく、前面に、透明な窓を設けて、目盛りを前からもみえるように工夫しました。

これで、**荷物**を載せても、**何キロ**か、**読み取れる**ので、とても便利です。

重い**荷物**の思い出は、**メモリアル**です。

体重計には、**目盛り**、**ある**です（目盛りがあります）。

思いつき・ひらめきメモ

「5月11日」

まな板の形状は、いまも、昔も、そう変わっていません。それだけに、工夫する余地がありますます。だから、アイデアが多いです。

たとえば、野菜を切る面と、魚を切る面を別にして、印をつけておく、など、があります。

切った野菜などを、まな板の下の容器に落とせるように、穴を開けた人もいます。

すると、多くの人が、これは、便利で、**いいね**。……、といってくれます。

便利な**まな板**を上手く使えなくて、申し訳ないです。それで、いま泣いた（い**まないた**）のです。表**面**に、ご**めん**（面）なさい。

「5月12日」

多くのサラリーマンは、朝起きて、出かけるまでが大騒ぎです。朝食を食べます。身支度をします。洋服ダンスを開いて、ハンガーから、ワイシャツ、ズボン、上着を取ります。

ところが、上手く取れません。

そこで、上手く、取れるように、ズボンは、上着の外側にかければいいのに、と思ったのです。それで、順番に取れるように、改良した、**三段式**の**ハンガー**です。

冗談（上段）じゃないです。

三段式なので、**中段**も、**下段**もありますよ。

思いつき・ひらめきメモ

「5月13日」

釣り人が、クーラーボックスに腰かけて、糸を垂らしている姿をみかけます。

それなら、バッグが椅子に早変わりすれば、実用的だ、と思ったのです。

布製のバッグと、直方体の形の外枠を金属のパイプでつくって、バッグに外枠を組み合わせたのです。**椅子**に、**バッグ**に、早変わりするので、スポーツ観戦やレジャーで、大活躍します。

アウトドアは、**アウト**じゃなくて、**セーフ**です。また、**バッグ**ですが、バック（**後進**）しなくても大丈夫ですよ。

いつも、**前進**です。

思いつき・ひらめきメモ

「5月14日」

暑いとき、水筒の冷たい水は、魅力です。ただ、水筒は、二重ブタになっているため、飲みたいとき、両手を使います。

車だと、脇見ができないので大変です。

そこで、考えたのが水筒に固定部を取りつけて、ストローを差し込んでみました。

ところが、水筒が倒れると、こぼれてしまいます。ここで、もう一工夫しました。

こぼれないように、**キャップ**の**内側**に**ストロー**の**栓**をつけました。キャップを開けば、すぐに、ストローから飲むことができます。

キャップに**栓**をつけて、すみま**せん**（栓）。

「5月15日」

スケートボードは、オリンピックの競技になるなど、人気のスポーツです。ところが、上手に乗れるようになるまでは、時間がかかります。

そこで、ボードの形をV字にしました。

すると、初心者でも、バランスが取れて、簡単に乗れます。走る方向も、自由自在です。

たとえば、子どもが大好きな三輪車に乗って、楽しく遊んでいる感じです。

おかげで、直線方向は、もちろんですが、方向転換、ジグザグ走行など、形がV字なので、乗るとき、バランスが取れて、**Vサイン**をしながら、**ノリ**（乗り）**ノリ**（乗り）ですね。

「5月16日」

球を紐でつなぐだけでなく、球を回転させるところに気を配り、ハンドル（握り部）を設けて、使いやすい構造（しくみ）にした健康ローラーです。

背中や肩、腰などのマッサージをすれば、肩こりや腰の痛み、冷え性など、血行が良くなり、全身の運動ができます。一人で、背中のマッサージができて、手軽に使える健康具です。

家族全員で、**全身**の**運動**ができます。**健康ローラー**を**回転**させながら、健康的な、笑顔で、**ローラー**（どうだ）といっています。

思いつき・ひらめきメモ

「5月17日」

庭の雑草を取ったが、根を取り残したため、また、生えてきた、そんな、体験をしたことありませんか。

その、失敗を防いでくれるのが、この根から取れる草取り具です。

この草取り具は、根を挟むハサミと、L字形に曲げられた（握り部）から、先端を土の中の根に差し込んで、レバーをグッと握ると、テコの原理で、草取りができるのです。

ね（根）ー、凄いでしょう。

最後（トリ）まで、**草取り**（トリ）、あきらめないでくださいね。**草取り**が**トリ**です。

「5月18日」

お風呂のとき、床に置いた石けんケースに、シャワーのお湯がかかると、ヌルヌルになってしまいます。床に置いているので、使うたびに立ったり、座ったりするのも面倒です。

そこで、考えたのが、吸盤の石けんホルダーです。両面に小さな吸盤をいっぱいつけました。お風呂のなめらかな壁面に圧着し、そこに石けんを押しつけて吸着させます。

吸盤は、何番ですか、と聞かれると、**9番**（吸盤）です。でも、**吸盤**を使う高さ、いち（位置）は、自由です。ハイ（高さ）、位置は、**いち**（位置）**番**ですよ。

思いつき・ひらめきメモ

「5月19日」

なぜかわからないけど、オタマや鍋、シャモジなどの台所用品は男性が考えたものが多いんですよ。

たとえば、鍋の中に、オタマが落ちないように、柄の途中を曲げた人もいます。

蓋を加工して、蓋をしたままで、オタマを置けるように工夫した人もいます。

しゃもじは、会社名を印字した、**しゃもじ**（社文字）を使っています。

そこの**皿**は、**サラダ用**の**皿だ**（**サラダ**）よ～、といって、**何でも**、発明の材料にして、形「製品」に結びつくように、**料理**してくださいね。

「5月20日」

靴ベラは、どこの家庭にも、2本、3本、あるでしょう。ところが、靴脱ぎ具は、靴ベラと同じくらい必要なのに、見当たりません。

だから、多くの人は、かがみこんで、手を使って脱いでいます。

そこで、靴脱ぎ具を考えた人がいます。玄関の上がりかまちに、貼りつけられる横溝のたくさん入った、波状のゴム板をつくったのです。

気持ちは、**前向き**なのに、**後ろ向き**で、使います。**かかと**に**当てる**だけで、**脱げる**のです。

靴（くつ）を**履く**ときも、**脱ぐ**ときも、苦痛（**くつう**）じゃないですね。

思いつき・ひらめきメモ

「5月21日」

スリッパのアイデアで、有名なのは、カカトのところを高くして、脱げにくくしたものです。ほかにも、左右を揃えるために内側に磁石をつけたものやマジックテープ®を貼りつけるというもの、冬に、カイロを乗せるといいというもの、前後どちらからでも履けるものなど、スリッパの発明は、発想練習に格好の題材です。

実用的なものに、**スリッパ**の**裏**に**モップ**をつけて歩けば、床の**掃除**ができる、という作品もあります。**スリッパ**で、部屋の床を**掃除**してくれる、立派（**スリッパ**）な発明です。

「5月22日」

主婦の何気ない発想から生まれた製品は、たくさんあります。たとえば、フライパンや鍋にこびりついた汚れを落とすときに使う、金属の金たわしは、とても、機能がいいです。

ところが、力を入れてこすると、自分の指先を傷つけてしまいます。

その悩みを解決できたのが、金属の金たわしに、肌に優しい**ネット**を**被**せる方法です。

手の痛さを**カバー**してくれました。

金たわしの**機能**を大切にして、さらに、ネットで**包み**こむように、優しくし**たわたし**（私）です。

思いつき・ひらめきメモ

「5月23日」

だれでも、趣味を持っています。釣り、ゴルフ、園芸など、こうした趣味は、自分なりに工夫をすると、いっそう楽しくなります。

釣りをするとき、浮きを使うのは一般的です。でも、夜、釣りをするときは、普通の浮きはみえないので、使えません。

そのため、魚がかかったのがわかるように、**ピンチ**を利用して、**クリップ式の鈴**を考えました。この**ピンチ**で竿の先を**挟む**だけでＯＫです。**ピンチ**が**ピンチ**を救って、**チャンス**をくれたのです。この発明の評価は、**5段階**で**5**です。ピンチをもって、釣りへ、**Go**（ゴー）ですね。

「5月24日」

贈り物をいただいたとき、きれいな包装紙に包んでいます。すると、きれいなままで、とっておきたいと思うでしょう。ところが、最近は、量販店でも、どこでも、紐やゴム輪を使わず、セロハンテープで貼りつけています。

このセロハンテープ、きれいにはがそうとしても、切り口がみつからず、大変です。そこで、考えたのが、**テープ**の切れ目を斜めにすることです。**斜め**の**切り口**は、みつけやすいし、その角からはがせば、きれいに、はがせます。

セロ**ハンテープ**の**切り口**は、みつけやすいか、**判定**（ハンテー）をお願いします。

思いつき・ひらめきメモ

「5月25日」

いつも、トイレに行くたびに、憂うつになることがあります。それは、サンダルの向きが、逆になっていることです。

そこで、考えたのが、前からも、後ろからも、履けるようにしたサンダルです。横に溝を設け、ひっかけ帯が軽く前後に移動します。

足を突っ込むと、帯は前方にすべって、脱ぐときは、足に帯がひっかかって**後退**します。

だから、脱いだサンダルは、いつも、次の人を迎える姿勢（**前向き**）になっています。

前向きに**後退**しても、いつも、**前向き**です。

この発明は、優しくて、素晴らしいです。

「5月26日」

狭い台所で、不便なことを体験します。

その一つが、鍋を置く場所です。

重ねられないからです。それで、二つ、三つの鍋の置く場所に困ります。

そこで、考えました。蓋を重ねて置けるように、鍋の蓋に3個のツマミを正三角形の位置に、設けたのです。逆さにして置けば、このツマミが足になって、安定するのです。

この**鍋**の**蓋**、負担（**ふたん**）には、なりません。**ツマミ**、3個（**参考**）になります。

お酒のツマミも、**3コ**あると、バランスが取れて嬉しいです。

思いつき・ひらめきメモ

「5月27日」

カニは美味しいです。ところが、食べるとき、少し苦戦します。カニの足の硬い殻から身をとり出したり、殻にむしゃぶりついたりして、食べます。美味しい**から**（殻）です。

そこで、スマートに食べられる、カニのハサミを考えた人がいます。

3枚刃にしたハサミです。真ん中（中軸）は、両刃（もろば）になっています。その中軸を**カニ**の足の**殻**に入れて、両側の刃ではさむと、**殻**は、スマートに**キレイ**に刺し込みました。

スマートフォンで、写真を撮ってください。**中身**も、**写真**も、**スマート**に**とれ**ます。

「5月28日」

洗濯機で脱水ができる、シューズハンガーのアイデアです。洗濯機には、洗濯槽に複数の小さな穴があいています。

この穴に引っ掛けるためのL字の金具をフックの下に設けたのです。

すると、洗濯機の中で、フックと金具が上下逆になって、上手く回転して、洗濯ができるのです。そのままで、脱水ができます。

脱水が終わると、フックを上にして、物干し竿などに掛けて干します。

乾燥した、この**シューズ**を履いたら、マラソンも**かんそう**（完走）できますね。

思いつき・ひらめきメモ

「5月29日」

料理をするとき、粉ふるい器を使うことが多いです。いままでは、金属製の水切り用のザル、茶漉し器などを使っていました。ところが、粉が散らかるので、後片づけが大変です。

そこで、粉が散らからない方法を考えたのです。すぐに思いついたのが、取っ手つきの容器と、円すい状のネットを組み合わせることです。

形が円**すい**です。準備も**スイスイ**できます。

粉の出し入れがなくて、振れば、粉がスグに出る手軽さが、料理づくりを楽しめます。

粉ふるい器で、食材が美味しい料理に変身して、**皿**に盛りつけて、**さら**に楽しくなります。

「5月30日」

残ったご飯を冷凍保存するとき、ラップで包む人が多いです。ところが、ラップが使い捨てなので、もったいないです。

そこで、節約の発想を試みました。

プラスチックで、区分けした容器をつくり、ご飯などを、小分けして保存するのです。

食べるときは、容器から、一食分ずつ取り出せ、これで、ラップを節約できるので、気分も陽気になります。

ご飯を**食べたいとき**、すぐに、要望に、**応えて**（答えて）くれます。ご飯がすぐに食べられます。**解凍**（解答）です。

思いつき・ひらめきメモ

「5月31日」

創作文字、ご存じですか!?

ひらがなの「**おめでとう**」を**組み合わせ**て「**寿**」という**漢字**に見えるようにした文字です。

文字を特徴的な**フォント**（活字のこと）にして、**遊び心**いっぱいの創作文字をつくったのです。

感じ（漢字）がいいので、封筒や祝儀袋など、用途も広がり、慶事（お祝い）のときに使えば、大いに、盛り上がりますよ。

これに感動された、みなさんも、いつも使っている、「ありがとう」などの創作文字をつくってみませんか。自分流の創作**文字**をつくる作業は、**ホント**（フォント）に楽しいものです。

思いつき・ひらめきメモ

6月の言葉遊び

最初の心構えで、○○の発明が形「製品」に結びつくかが決まる

◆「勉強しなさい」といわれなくても

小さいとき、お母さんに、よく「勉強しなさい」といわれたでしょう。

いまは、どうでしょう。だれからも「勉強しなさい」と、いわれなくても、発明の勉強をしているみなさんは、すごいです。

ところで、目標は、○○の発明を形「製品」に結びつけることだ、と思います。経験が豊富な私（中本）に、少しだけお手伝いをさせてください。

そして、一緒に発明で〝一攫千金〟の夢をみながら、笑顔の毎日にしませんか。

ここで、お願いがあります。

それは、タダの頭、手、足を使っても、ムダなお金を使ってはいけない、ということです。

◆思いついた段階で、「YES・NO」の判断はしない

○○の発明は、思いついただけです。だから、いま、「YES・NO」の判断をしてはいけません。判断をするための材料、情報が少ないからです。○○の発明、本当に、素晴らしい、といえますか。

10分間、「説明（プレゼン）」ができる情報、もっていますか。

ここで、一歩さがってください。そして、できるだけ、客観的に観察してください。

「6月1日」

マンションの、**ベランダ**で、多くの人が**園芸**を楽しんでいます。ところが、肥料のやり方がわからない、という人がいます。

そこで、考えたのです。形状が簡単な棒状のインスタントの肥料です。

いろいろな肥料の成分をまぜ合わせて、軽石のように多孔質の軽い棒にしたのです。

これを、ときどき、鉢の土に差し込んでやれば、ＯＫというわけです。

マンションの**8階**の人が、園芸を楽しみたいので、**植木**の**鉢**を買いたい（**はち　かいたい**）といっています。

「6月2日」

天ぷらを揚げるとき、中華鍋を使う人がいます。でも、中華鍋は、中央の部分が深くなっているため、材料を入れても、バラバラになったり、ダンゴ状になって、上手く揚がりません。

そこで、鍋の油面を浅いところと深いところになるように底を持ち上げ、二段にしたのです。天ぷらが上手になる、天ぷら鍋です。

最初に浅いところに、材料を入れ、徐々にすべらせながら深い個所に落とします。

天ぷら**鍋**で、天ぷらのつくり方が学べ（**まなべ**）ますよ。美味しい**天ぷら**を**揚げ**たら、人に**あげて**ますか。

思いつき・ひらめきメモ

「6月3日」

家族が多い家では、あとから風呂に入るとお湯が汚れ、ときには、アカが浮かんでいることがあります。

これを桶ですくうと、せっかくわかしたお湯まで捨てることになり、もったいないです。

そこで、考えたのがアカとりネットです。

長方形の枠にネットを張りました。お湯を逃がして、アカをキャッチできるのです。

あったかくて、キレイな**お風呂**で、体も、心も、**OFFろ**う（休もう）。**足**の疲れは、**足湯**に、足をつけて、**フットバス**（フッとばそう）。

「6月4日」

長方形の洗濯ネットがあります。

この洗濯ネットの不便なことは、洗濯物が片寄ったり、丸まってしまい、平面的になって、汚れが落ちにくいところです。

そこで、洗濯ネットの形状を立体的にできないか、と考えたのです。

ネットを立体的に縫製して、開口部を設け、左右に開けるようにファスナーをつけました。

すると、汚れが落ちるのです。**洗濯**機の**選択**する**機能**（昨日）は、**強**（今日）です。

夜、**洗濯する**と、**汚れ**が、**キレイ**に**落ちる**ことを、明るい**照明**が、**証明**してくれます。

思いつき・ひらめきメモ

「6月5日」

花壇や鉢に種をまいたあと、種類がわかるように、名札を立てておきます。

竹の棒の一端に、種袋をさしておくものや、プラスチックのプレートが使われています。

そこで、花のように、キレイなデザインのプレートを考えた人がいます。

このプレートに、種を特殊なテープにまとめ、その種の名前を書いておくのです。

やがて、テープを破り、芽がでてくる仕組みです。**鉢植え**は、**花壇**の**どこ**に置くのですか。

鉢、**植え**よ。**鉢**、**上よ**。

上段ですが、**冗談**（上段）じゃ、ないですよ。

「6月6日」

中高年の人は、体型が気になっています。

そこで、着目したのが、ズボンのベルトです。

ベルトは、普段、ズボンのずれ落ちを防止するために使っています。

ベルトの機能をふやすために、内側に、目盛りをつけて、工夫しました。

これで、メジャーで測らなくても、ウエストの寸法が計測できます。健康管理もできます。

ウエストのサイズがベルトを止める穴の位置で、増減が確認できるようになりますね。

ウエストの**締まり**（しまり）も、**サイズ**の変化も、**ハラハラ**しながら、管理ができますよ。

思いつき・ひらめきメモ

「6月7日」

家のお風呂で、サウナの気分が味わえたら、……、このささやかな夢を実現したのが、フタを利用した家庭用サウナです。スポンジ製のフタの裏にアルミ箔を張り、穴をあけました。

フタの穴から首をだして、湯ぶねにつかれば、お湯の温度とアルミ箔からの反射熱がサウナの輻射熱と同じように、体に当たって、サウナ風呂に入った気分になれます。

雰囲気も変わって、いい**湯**ですね。

お風呂を**フタ**で、**カバー**して、**家**に、**サウナ**ができたので、**サウナ**に行くの、**サウナ**（さような）らですね。

「6月8日」

新婚さんに待望の赤ちゃんが生まれました。親は赤ちゃんの日々の成長が楽しみです。

それで、お風呂に入れたあと、身長を測るのが日課になりました。

そこで、タオルに着目しました。タオルの図柄として、**表面に線と数字の目盛り**をつけたのです。正確でなくても、**タオル**の上に**赤ちゃん**を寝かせれば、**身長**が測れるのです。

赤ちゃんも、**タオル**も、**生まれ**ました。**身長**を計るときは、**慎重**に、優しく、**抱擁**（ほうよう）してね。そうよ（**ほうよう**）。

思いつき・ひらめきメモ

「6月9日」

まな板は、生活用品の一つとして欠かすことのできないものです。

さまざまな種類のまな板が使われています。包丁で食材を切るとき、慣れていない人は、同じ大きさに切れません。

そこで、**まな板**の**表面**に**目盛り**を**足し算**したのです。料理のメニューと数も、和（足し算）がいいですね。これで、食材を簡単に**一定の大きさ**に、**切る**ことができます。

目盛りをつけた**まな板**の前で、**さら**（皿と更）に、美味しい料理がつくれ、嬉しくて、**ママ泣いた**（まな板）よ。

「6月10日」

文房具の分度器と定規は、それぞれ、別々になっています。

そこで、分度器と定規を一体化した分度器をつけた定規を考えました。

一度の操作で、分度器で角度を決めながら、引く線の長さも、定規の目盛りで、決められるように工夫しました。**線**が**キレイ**に**描けない**ときは、**線**に、すみま**せん**（線）といいましょう。

角度の問題、苦手だった、と思っている人、**難度**ではないですよ。**高度**でもないですよ。

角度は、こう**書くど**（角度）です。**何度**（難度）でも、分割できますよ。

思いつき・ひらめきメモ

「6月11日」

つま楊枝に占いの表示部を設けた、占いができるつま楊枝を考えました。

つま楊枝を収納する容器につま楊枝を入れて、中から一本だけ取り出せば、占いができるのです。食事をするとき、つま楊枝で、簡単なゲームができるように工夫したのです。

占いができるつま楊枝が話題になり、食事のとき会話も弾むでしょう。

つま楊枝の**ダジャレ**は、**つまんない**、といわれそうですが、**つま楊枝**は、使わない（**つまんない**）方がいいのです。**つまる**と、余計な**ようじ**（用事）が、増えますよ。

「6月12日」

心のオアシスを求めて、釣りが趣味、という人もいます。休日を待ちかねて、朝早く、出かけます。釣り糸を垂らしていると、いやなことを忘れられます。でも、天気が良くて、暑い日などは、頭がくらくらします。

一日、太陽に照りつけられて大変です。

そこで、考えたのが、三度笠風に頭にかぶるこうもり傘です。じつに快適な傘です。

釣りは、**ツリー**です。**ツリー**は、気持ちが爽やかになるスカイ**ツリー**も、楽しくなるクリスマス**ツリー**もあります。

ツリーの**効果**で、**釣り**に、行**こうか**。

思いつき・ひらめきメモ

「6月13日」

上から着ても、下から着ても、十字の形のセーターを考えました。寒くなると、よく風邪を引くこともあって、首元まであたたかいトックリ形のセーターを愛用する人がいます。

トックリのセーターを眺めていると、首の部分が胴の部分の約半分です。そのとき、首と胴の長さを同じにしてみたら、どうか、と思ったのです。形が上下、左右対称で、すべて、**＋**（**プラス**）です。**ワー**（和とプラス）すごい。

いつ着ても、形も、時間も、**10時**（十字）です。そして、彼（彼女）に、**セーター**を着**セーター**のですね。

「6月14日」

アウトドア・ライフの食事で、うっかりすると、携帯用のナイフやフォークを忘れて不便な思いをします。

そこで、考えたのが、ナイフとフォークをくっつけて、一体化する方法です。中央にスジを入れて、この部分から切り離すのです。

よく、**切れ**（キレ）ますよ。野球なら、**ナイフ**のように、**キレ**がいい、**フォーク**ボールです。食事の**用具**、かっこ**よく**（用具）まとめましたね。

フォークボールの**アウト**ドア・ライフですが、バットを振ってないから、**セーフ**ですよ。

思いつき・ひらめきメモ

「6月15日」

まな板の上で、野菜や肉、魚などの食材を切るのに包丁を使います。

ところが、料理の最中に包丁が切れなくなることがあります。

そこで、いつでも、その場で、包丁の刃を研げるように、砥石をつけたまな板を考えました。

これで、**刃を研ぎたい**ときは、**まな板**に取りつけた**砥石**により、その場で、**刃を研ぐ**ことができます。

砥石は、**刃の切れ味**と**料理を美味しくする、**ということ意思（**といし**）ですね。

料理の**技**にも、**磨き**がかかりますね。

「6月16日」

座椅子に長い間座っていると、どうしても、疲れてきます。

そこで、ちょっと姿勢をかえたり、からだを動かしたりできるように、回転する座椅子を考えました。

仕掛けは、座る部分を二重の板にして、その間にボールを入れました。

すると、座ったままで、足をのばして、回転すると、軽い柔軟体操ができるのです。

便利なこの座**椅子**、きっと使い過（**いす**）ぎますね。座**椅子**は、理想的で、長時間、居す（**います**）わりそうです。

思いつき・ひらめきメモ

「6月17日」

天ぷらを揚げるとき、揚げ油の温度、入れるタイミングを迷いませんか。材料にもよりますが、カラッと、美味しく揚げたいのに、……。油の温度の見分け方があるそうです。たとえば、衣を落として途中まで沈んで、ゆっくり浮き上がれば170度、途中まで沈んで、すぐ、上がってきたら180度だそうです。

温度が簡単に、わかるように、**天ぷら箸**に**温度計**を組み合わせました。**天ぷら**は、**鍋**の**中央**で揚げますが、天ぷら箸（端）の発明です。

天ぷらの**揚げ方**の**採点**、**10**（テン）**プラス**（**10プラス**）してくださいね。

「6月18日」

ペットボトルの飲料を、飲むときに使う、浮輪を取りつけたストローを考えました。

ペットボトルの口に合わせて、こすれながら動く浮輪を、ストローに取りつけたのです。

ペットボトルの中に、浮輪を取りつけ、ストローを差し込んだ状態でキャップができます。キャップを開けたとき、飲料口より、常にストローがふわりと**浮き**上がり、**ウキウキ**します。

ペットは、**ペット**ボトルで、遊ぶのが大好きです。**ペット**が、いつも、**バトル**（ボトル）しています。**ペットボトル**で、**ウキウキ**して、**いいん**（飲料）です。

思いつき・ひらめきメモ

「6月19日」

ワイシャツの襟を立てて、ネクタイを結ぶのは面倒です。それなら、いっそのこと、ワイシャツにネクタイを描いたら、と考えた人がいます。見事なネクタイです。

これには、びっくりです。大笑いです。

習慣を破る発明の製品化はむずかしい、と思いますが、ダメだと思うより、可能性がある、と思っていたほうが、人生は楽しくなります。

職場のすぐ**そば**ですが、美味しいうどん屋さんがあります。そこの**大将**は、**うどん**をつくるのは、**うまい**のに、**ネクタイ**を結ぶのは、**うまく**できなくて、そこが**ネックたい**（ネクタイ）……、と言っています。

「6月20日」

丸首のTシャツは、首回りがせまいので、下からでないと、三角ハンガーは通りません。上から通せるハンガーは考えられないですか。

たとえば、左右に折りたためるハンガー、もう一つ、上下に折りたためるハンガーです。

他の方法もあります。三角のハンガーの一方に深く切りこみを入れたのです。

さあー、今度は、あなたの出番です。シカクい頭を**マル**くしてください。

みなさんは、**シカク**い**コタツ**で、**マル**くなりますか。**がんこ**だった、**お父さん**は、**マル**くなりましたね。

思いつき・ひらめきメモ

「6月21日」

暗い夜道は、とくに、後方の様子がわかりにくいものです。それが不安でした。

そこで、バックミラーがあればいい、と考えました。小さな凸面鏡に柄をつけて、それにマジックテープ®でどこにでも着脱できるようにしたのです。

これを、傘の柄やベビーカーに、取りつけました。すると、後方の様子がよくわかります。

バックミラーに映るのは、**後方の様子**ですが、いつも、みるときは、**前向き**です。

それ、ミラー（**ミロー**）ですよ。**バッグ**に**鏡**（ミラー）をつけると、**バッグミラー**ですよ。

「6月22日」

赤ちゃんに、スプーンで飲み物を飲ませているとき、横に傾けるとこぼれてしまい、うまく口の中に入りません。

そこで、横からこぼれないスプーンはできないか、と考えたのです。そして、両側を高くしました。うまくいきました。でも、もっと、確実にできないか、と思ったときに、そうだ、カバーをつけて、先端に穴をあけるといい、と思い、さっそく、試作品をつくり、試しました。

サジ（スプーン）を投げずに、サジを見直したのです。スプーン一**杯**が、赤ちゃんのお腹を**いっぱい**にしてくれますよ。

思いつき・ひらめきメモ

「6月23日」

年齢を重ねると、健康が気になります。

それで、いろいろな健康器具が製品化されています。サラリーマンの人が、駅の売店で赤いネットに入ったミカンが売られているのを見て、ひらめきました。

そこで、そのミカンを買って帰り、ネットの中に、野球の硬球のボールを4個入れて、両端にひもをつけました。その上にあおむけに寝てみました。すると、背中や腰にボールが当たった部分がとても気持ちがいいのです。

ボールは、**3個**でもよかった、と思いませんか。**サンキュウ**（3球）で、ストライクだったのに、本人は、至急（**4球**）を選びました。

「6月24日」

世の中、なんでも合理主義、実利主義では、おもしろくないです。

そこで、生まれたのがユーモア発明です。

紹介したいのが、足の先がピカピカ光る下駄です。下駄の先に豆電球をつけ、踏むところに、スイッチをつけました。この下駄を履いて歩くと、先がピカピカ光るというわけです。

下駄をヒントにして、**靴**や**サンダル**などを考えて、あなたの発明に、スイッチを入れてください。そして、光り(**ひかり**)輝かせてください。

あなたのユーモア力を証明（**照明**）しましょう。

思いつき・ひらめきメモ

「6月25日」

発想は、相手の身になって考えると、いい案が生まれるといいます。たとえば、自分の会社の**ネクタイ**、どうすれば売れるか、いつもお客さんの立場になって考えています。お客さんは、服の色に合わせて、あれこれと考えます。

そこで、この**ネクタイ**、こういう色の服に似合います。と、書いたカードをつけてみました。するとで、口コミで売れるようになったのです。

ネクタイを結んであげ**タイ**。結ばれ**タイ**。一緒にい**タイ**。そのネク**タイ**を選んでいただき**タイ**、と思う気持ちが、通じて、強く、**ネクタイ**が**結ばれ**ました。

「6月26日」

学生さんが料理のときに使う鍋つかみを考えました。手にやけどをしないような手袋です。

この手袋、いざ使おうと、するときに、どこに置いたか、忘れてしまい、探しまわります。

そこで、ひらめいたのが、いつも、使うエプロンにくっつけておこうという発明です。

鍋つかみは、マジックテープ®を利用して、着脱自在にしたのです。

鍋つかみは、使い終われば、また、**エプロン**にくっつけておけばいいのです。

鍋**つかみ**は、**マジック**テープ®でつけておけるので、**つかみ**は、**マジック**でOKです。

思いつき・ひらめきメモ

「6月27日」

神経痛や肩こりは、現代病ともいわれ、若いサラリーマンにも多いそうです。ストレスなども大きな原因だ、といわれています。

そこで、突起がついた指圧具を考えた人がいます。

突起をつけたローラーの回転で、肩や首、足や腰も手軽に、**マッサージ**ができるのです。突起がついているので指圧の効果もあります。

マッサージしたい場所は、どこですか、**肩**と**大腿骨**です。**だいたい**、**コツ**、つかめましたか。はい、つかめました。それは、**いかた**（よかったと肩）ですね。

「6月28日」

子どもは、乗り物に興味をもちます。竹馬も人気があります。竹馬を改良したのがホッピングです。ホッピングをみて、私だったら、と考えた人がいます。下駄や靴の下にバネを入れたら、どうだろうか、と思ったのです。

でも、バランスが悪くて、うまくいきませんでした。足首をネンザするからです。

そこで、ネンザしないように、改良を重ねました。**バネ**を二つ、つけて、その下に**板**を設けました。**イタ**についていますね。

では、ここで、**ジャンプ**して、製品化に向けて、改良の、**バネ**にしましょう。

思いつき・ひらめきメモ

「6月29日」

私たちに、一番身近なものの一つに、取っ手つきのコップがあります。

ふだんは、コップをなんとも思わないで使っています。

朝、歯を磨くとき、歯ブラシを、探したことはありませんか。だから、いつも、コップと歯ブラシは、一緒にあった方が便利です。

そこで、考えたのが、コップにパイプ状の取っ手をつけて、歯ブラシ立てにする、ということです。**歯ブラシ**を**立てて**くれたのですね。

いつも、**コップ**は、とても（**取っ手**も）、**ついて**いますね。

「6月30日」

以前、ハンカチに英単語を印刷した人がいました。それをみた贈答品メーカーの人が、ハンカチに1万円札を印刷して、ポケットに入れたら気持ちいいだろう、と思って、少し大きめに印刷しました。

ところが、反応はイマイチでした。それをみた人が、神社仏閣で売らせてもらったのです。すると、神仏の御利益がある、と思うのか、売れてきました。

本物の、お金（**かね**）じゃなくて、ハンカチなので、すまねー（**マネー**）といったそうです。

思いつき・ひらめきメモ

思いつき・ひらめきメモ

7月の言葉遊び

不平・不満を、発明・アイデアに結びつけよう

◆くそっ！　と思ったら金の卵がある

会社の改善・提案では、「もの申す式」の苦情、希望、中傷などは、厳に入れてはいけない、といわれています。

しかし、だからといって、この不平・不満のない社会なんて、つくれっこないのです。

文明が進むほど、不平・不満は、多くなるものです。

それは、文明よりも、人間の欲望の方が早いからです。

しかし、不平・不満を、そのままぶちまけて、他の人（第三者）に迷惑をかける人は、出世しません。

しかも、だんだん毛嫌いされます。

また、その不平・不満を、腹の中に、じっとためこんでいると、神経が疲れて、心の病になったりすることもあります。

そこで、私からの提案ですが、この不平・不満を、発明・アイデアで、一度、洗浄してみることです。

私の仲間では、「くそっ！　と思ったら金の卵がある」と思え、……、ということを合言葉にしています。

「7月1日」

あなたは、紅茶を飲むとき、ティーバッグの袋、コップの中でふって、……、さて、どこに置こうか、と困ったこと、ありませんか。

そこで、コップの腹部にポケットをつけたらいい、と考えたのです。

でも、このポケットが出っぱりすぎて、邪魔になります。でも、本体の方をへこませれば、出っぱりは小さくてもいいのです。

紅茶の**生産地**は、どこですか。高知(**こうちゃ**)です。**紅茶**の美味しい入れ方って、しっていますか。**こう**、**ちゃ**う(違う)?

「7月2日」

ハンガーには、いろいろなものが考えられます。だから、もう、ハンガーについては、考えつくされたと、だれでも思います。ところが、発明は、無限にひろがるものです。

それは、下の水平棒に対して、回転する横棒を取りつけたものです。

水平棒と横棒の角度を直角にして、立体的に、空間が広がるようにしたハンガーです。

水平棒(―)と**横棒**(―)のマイナス(―)が**+**(プラス)になって、早く**乾く**、すごい**和**(輪)になりましたね。

思いつき・ひらめきメモ

「7月3日」

どこの茶こし器も底は、水平です。

だから、たくさんお茶を入れても、お湯がかかるのは中央だけです。

そこで、少し入れて、しかも、お湯が広い面にかかるようにするには、どうすればいいか、と考えました。

思いついたのが、茶こし器の底をV字の形にすることです。そうすれば、お**茶**は半分くらいでも、お**湯**がかかる面は、広がります。

お**茶**のお**湯**を沸かすのは、**ユー**（湯・あなた）ですよ。あなたが、当番**茶**です。

では、お茶の時間にし**ちゃ**いましょう。

思いつき・ひらめきメモ

「7月4日」

だれでも、地震はこわいです。防災のため、懐中電灯などの防災用具をセットにして、収納袋を枕元において、寝ている人がいます。それを、家族が別の場所に移動してしまうこともあります。その都度、探し回るのは大変です。

そこで、固定位置を決めて、収納袋をドアのノブに引っ掛けられるようにしました。

すると、**移動**しなくて、い**いどう**、といってくれます。

来年、この**町の防災**、どうしますか。

新年は、新**防災都市**にします。**町**は、いい**とし**（年と都市）になりますよ。

「7月5日」

子育て中の母親が感じることは、哺乳瓶では、赤ちゃんとスキンシップが生まれません。そこで、考えました。抱っこして、肌を触れ合わせながら、お乳を飲ませたい。こうして生まれたのが、オッパイの形の哺乳瓶です。

哺乳瓶に、ひもをつけて首に吊るして、ミルクを飲ませます。すると、情感がわくのです。ママとマーマの、愛情一杯の合（愛）言葉です。お母**さん**の**はなし**は、赤ちゃんが寝るまで、母さん、3回、**3話**（さんわ）です。

赤ちゃんと母親の、お**母さん**会は、**母さん**なので、月に、**3回**です。

「7月6日」

ボールペンを利用した発明は、いろいろなものがあります。いずれも「細い」ところを上手く使っています。

そのとき、目についたのが、手帳についているカード型のしおりです。

ボールペンの細さも気になります。この薄さと細さなら、ボールペンとしおりを一体化させるセオリー（しおり）ができたと思いました。

手帳の付属物として、携帯に便利な、ボールペンつきの**しおり**の誕生です。

詩織（しおり）さんが、そのお祝いに、菓子折り（**しおり**）を、持参してくれました。

思いつき・ひらめきメモ

「7月7日」

サラリーマンのストレス解消法の一つは、赤ちょうちんで、一杯やりながらオシャベリすることです。そんな居酒屋さんのメニューには、焼き鳥があります。ただ、その焼き鳥の串には弱点があります。

最初の一口目はいいが、二つ目、三つ目になるとノドを突き刺しそうで怖いことです。

そこで、考えたのが皿の一方に長い枕をつくり、それに溝を3つ入れました。そこに、焼き鳥の**串**を入れて、横に引いて、肉をとります。

焼き鳥は、最初に食べてもトリですが、焼き鳥、何本食べるのでしょう。

串だけに、9×4（クシ）＝36本です。

「7月8日」

寝るとき、肩が寒い、どうしますか。

自分が困ったとき、不便を感じたとき、何とかできないか、と悩みます。肩、いつも、寒くて、固（かた）まります。そんなとき、発明が生まれます。

そこで、いろいろ考えました。

たとえば、掛け布団に、毛布をつけたり、枕を長くしたりして、試してみました。

さらに、考えたのが、**チョッキ**です。長さを半分にしました。すると、着やすいし、暖かいです。今日は、**チョッキ**を着て、**直帰**ですか。

それは、いいことで、いい方（肩）です。

思いつき・ひらめきメモ

「7月9日」

いろいろな家の玄関を見てみると、四角や円形の傘立てが置いてあります。

三角形の傘立てを角に置いている人もいます。

いずれにしても、気になります。

そこで、考えました。それなら、棚をつくって、その上に、傘を置けばいいと思いました。

そうだ、布の傘袋を数本分つくって、それを壁にぶらさげれば、場所を取りません。

壁面をみて、**傘**がないから、**貸さ**ない、とはいえないですね。傘は、**重ならない**傘ですか。

1本だけ、だから、**傘ならない**（かさならない）ですよ。

「7月10日」

いままでのバター・ケースには、一つ困ることがありました。ナイフを入れてフタをすると、柄にバターがついてしまうことです。

そこで、バター・ケースの一部にナイフ用のスペースを作りました。使ったあと、そのまま、バターナイフを入れられるように、収納部を設けました。

これで、**ナイフ**の柄に**バター**がつくなどの問題が解決しました。

パンに**バター**をつけないで、**バター**を食**べた**なー。パンを、た**べター**のは、それは、それで、**ベスト**じゃなくても、**ベター**でいいのです。

思いつき・ひらめきメモ

「7月11日」

ポリバケツのフタの置き場所に、多くの人が困っています。

床に置くと、踏まれて割れます。

立てかけて置くと、風で飛ばされます。

そこで、何か、いい方法はないかと、考えました。

たどりついたのは、フタの下側にカギをつけることです。このカギを、バケツのふちに、ひっかけるのです。

フタつきだと、二つ気になります。さっき、**フタしたか**、不確か（**ふたしたか**）です。

「7月12日」

電気製品の差し込みプラグは、家の中にたくさんあります。これを抜くとき、プラグがすべって抜きにくいため、つい線を握って、引っぱるので、故障します。

そこで、プラグに、すべり止めのザラザラをつけました。

他の方法は、両側に凹所を設けました。

他に、考えたのが、テープを股にかける方法です。**コンセント**が**断線**して、**混線**（こんせん）トラブルになること、防止できますね。

電源切っても（でん**げんき**っても）、**元気**（電気）ですよ。

思いつき・ひらめきメモ

「7月13日」

新婚さんに、赤ちゃんが生まれました。

赤ちゃんは、だんだん大きくなると、なんでも、一人（ワン）でやろうとします。

たとえば、スプーンをわしづかみにして、茶碗（わん）のごはんを、すくおうとします。

でも、へりまでかき上げるのですが、外にこぼしてしまいます。

そこで、ヘリからこぼれないような茶碗はできないか、考えました。

赤ちゃんをみてて、内側へ曲がった茶碗をつくりました。その**茶碗**、私のよ、**ちゃわん**（触ん）ないで、と赤ちゃんはいうのかなあー。

「7月14日」

大根などを薄くスライスするとき、それが、包丁の側面にくっついて困ります。

そこで、考えたのが、くっつき防止のため、上部がやや厚いゴム磁石の薄片を、包丁の片側につけることでした。

でも、リンゴを二つに割るときは、それが邪魔になります。だから、ゴム磁石の薄片は、必要に応じて、着脱できるようにしました。

包丁で**キレ**イに、**切れ**もいいけど、**ほうっちょう**（包丁）いて（ほっといて）ください。

よく**切れ**て、**大根**（だいこん）が、まな板の上で、**大混**（だいこん）雑しています。

思いつき・ひらめきメモ

「7月15日」

箸置きに、つま楊枝入れを設けました。

いままで、箸置きは、箸の先を上げて、手もとが食卓につくようにして、使います。

つまり、箸が斜めになっています。

この固定観念を破って、箸を水平に置く、箸置きを考えたのです。

そこで、箸置きの中央に、くぼみ（つま楊枝入れ）を設けたのです。

すると、形が整って、カッコがいいのです。

妻**ようじ**(用事)があるのは、夕方の**ようじ**(4時)ですか。**箸**を**皿**の**端に置けない**ので、**さら**に、使いやすくなった、**箸置き**です。

「7月16日」

だれでもほしいものは、健康です。だから、健康産業が幅をきかせています。それで、青竹を朝晩踏んでいる人もいます。

でも、湾曲した形状で、刺激が少ないです。

そこで、もっと、足裏の刺激ができたらいい、と考えたのです。ヒントになったのが、そろばんの玉です。玉を並べるのです。

ここで、もう一歩発展させ、その玉を大きくして、二段にしました。ソロバンよりも、ずっと、気持ちがいいのです。健康（ヘルシー）すぎて、お腹も減るしー（**ヘルシー**）です。

効果ですか。**歩こうか**（ある効果）です。

思いつき・ひらめきメモ

「7月17日」

ゴルフが好きな人は、毎週、休みの日は、練習場に通っているでしょう。

まず、ゴム板の上で、ウッドで、打つ練習をします。毛の生えたマットの上で、アイアンで打つ練習をします。しかし、そのたびに、マットを取り替えるのは面倒です。

そこで、考えたのが、二つを一つにまとめた、複合商品です。便利な**アイアン**で、打つ**けいこ**（練習）です。すると、**けいこ**さんに、私に愛あん（**アイアン**）の、と、問われました。

後日、**ゴルフ場**（ゴール浮上）で、素人ですが、プロポーズ（**プロ**の**ポーズ**）をしました。

「7月18日」

竹**トンボ**は、昔ながらのものもあれば、空飛ぶ円盤型もあります。

そこで、いろいろと趣向を変えて、それは、竹でなく、紙製の竹トンボを考えました。

羽をプロペラの形に、削る必要がなく、羽の両端の折り目を曲げると、プロペラの形になるように工夫したのです。

羽の横長に穴を設け、羽に折り目をつけた**点**、柄の先端を凸部にした**点**が**ポイント**です。

これで、うまく回転しますね。**天**まで昇る心地ですよ。竹**トンボ**が**トンボ**のように、飛ぼ（**トンボ**）う、としていますよ。

思いつき・ひらめきメモ

「7月19日」

傘を携帯していると、手を自由に使えなくて困ります。また、歩いているとき、傘が他の人に当たり、迷惑をかけることもあります。

そこで、考えたのがバッグの横に、傘袋をつけたのです。長い傘でも、折りたたみ式の傘でも、利用できるようにしました。

これで、歩くときも、手が自由に使えて、身軽に行動ができます。

傘は、1本なので、荷物は、**かさ**ばらない、です。花屋さんが使っている**傘**は、華や**かさ**があります。花瓶に、**さそう**かなあー。

「7月20日」

体力維持のために、どんなことをしていますか。各種健康器具で、体力の増進をはかっている人も、多いのではないでしょうか。

ところが、年を重ねると、握力が弱くなり、健康器具を持ちにくくなるのです。

そこで、表面に突起がついたシートを円筒形に丸め、手のひらにかけられるように、ゴム紐をつけたのです。

手のひらにゴム紐をかければ、握力が弱くなった人でも、無理なく指圧ができます。

健康状態、どうですか、**健康**ですよ。早退した（**そうたいした**）こともないです。

思いつき・ひらめきメモ

「7月21日」

家庭で、**蒸し**器を使って、料理をするとき、蓋のカバーに使うものは、茶巾タイプのものがあります。その他には、サラシの生地を使ったものが多いです。ところが、若い人には、人気がないそうです。

そこで、布巾を使って、カバーをつくったのです。すると、機能的な発明ができました。

それが、美味しく、**蒸す**ことができる角型と丸型の袋状の「**蒸し**器の蓋カバー」です。

お店で、野菜を蒸している子は、私の蒸す子(息子・**むすこ**)です。

娘(**むすめ**)は、お店の看板**娘**です。

「7月22日」

犬を連れて、朝夕の散歩を楽しむ人が多いです。自然な道を歩くと、デコボコした道、自分の足裏のツボ押しになって、気持ちいいです。

そこで、健康スリッパのツボ押しの位置を自由に変えられないか、と考えたのです。

適当な大きさの木の球(タマ)を袋に入れて、これを面ファスナーで、着脱できるようにしたのです。これで、そのときの体調に合わせて、ツボ押しができます。

スリッパは、**立派**な履物なのに、喜んで踏まれる健康ス**リッパ**です。

思いつき・ひらめきメモ

「7月23日」

高齢の父親が入院しました。そのときのことです。耳が遠くて、病室で、話すとき、大声になってしまいます。

そこで、聴診器や糸電話をヒントに、電池などを一切使わないで会話ができる補助具を考えたのです。チューブの一端にイヤホン、もう一方にマイクをつけたのです。

軽くて、小型なので、とても便利です。

お父さんと、**身内**だけに、**耳打ち**で、楽しい会話をしたいですよね。

耳は、**ear**（イヤー）です。**イヤー**、近くで、**トーク**（talk、遠く）を、笑顔で楽しめますよ。

「7月24日」

体は疲れています。しかし、目が冴えて眠れない。そんな経験、ありませんか。

そこで、その悩みを解決できないか、と考えました。

赤ちゃんは、眠くなると、手の温度が上がり、温かくなります。それを、ヒントにして、指先を温めることを、思いつき、手を温かくして、眠れる手袋を作りました。

あった（温）かい手袋、眠気を引き起こす効果は、**あったか**い。

手袋を、ゆっくり、**スロー**で、編んだのは、素人（**スロート**）でした。

思いつき・ひらめきメモ

「7月25日」

最近の若い人は、正三角形の形におにぎりを握れない人が多いそうです。

握っても、三角の形がいびつになるのです。

その現状を、心配した人がいます。

そこで、正三角形のおにぎりを、簡単に握れるように、容器（型）を、つくったのです。

この容器にノリを敷いて、ご飯を盛り、上から蓋をかぶせて、ギュッと押すと、三角形のおにぎりができるのです。

三角形のお**にぎり**に、**具**を**グッ**と入れました。

形は、三**角形**だけど、**マル**（ＯＫ）ですね。

お**にぎり**を**人**が**握り**ます。一**握り**ですよ。

「7月26日」

数枚の用紙を、ワンタッチで挟めるメモクリップがあります。

用紙を下から差し込むと、その用紙を、両端から飛び出しているゴムヒゲが挟み込みます。

このゴムヒゲを、上向きで、斜めにします。

すると、用紙を差し込みやすく、一度差し込んだ用紙は、落ちません。

また、数枚挟み込めます。

本体の裏面の磁石、または、粘着材を利用して、机などに、自由に着けられます。

用紙に、**めも**りを**書い**たら、目盛りかい（**メモ**理解）できますね。

思いつき・ひらめきメモ

「7月27日」

ゆで玉子の固い殻がない、ゆで玉子を成形する容器を考えました。子どもがゆで玉子の殻を上手にはがせなくて、じれったくなります。

生玉子を割って、中身だけを、この容器に入れ、フタをして、お湯に入れて、煮るのです。

容器は、パンダやゾウなどの動物の型があり、容器から、取り出せば、固まった、可愛いい、**ゆで玉子**ができます。殻をはがさなくていいので、食べるとき、とてもラクです。

白身なのに、殻（**カラ**）ーですよ。

お風呂で、湯出た孫（**ゆでたまご**）が食べたのは、**ゆで玉子**でした。

「7月28日」

市販されている、足踏み、ツボ押しができるマッサージ具を使ってみましたが、いまいちでした。そこで、使いやすくて、効果のあるマッサージ具を考えました。

ポイントは、細長い平面の板の中央にハの字状に突起を二つ、つけたことです。もう一つは、凹凸の溝を横長方向につけたことです。

突起は、背筋を指圧するとき使います。凹凸部で足裏に刺激を与えて、疲労を取ることができます。**足踏み**、**ツボ押し**です。

足、**揉**（も）**みたい**よー、**揉**（も）ん**じゃダメ**よー。**もんじゃ**は、焼く**もんじゃ**ー。

思いつき・ひらめきメモ

「7月29日」

事故の多くは、イライラ運転をするからだ、といわれてます。孫が自動車の中から、手を振って、バイバイしています。

そこで、それと同じように、手の形をつくり、車の後部につけたのです。ある人は、人形を作って、それを横棒に懸垂させて、おじぎをするのです。後続車に、「すみません」といいながら、おじぎをするので、なごやかにします。

たとえば、新車の手配をします。**車**が**来るま**で、待っててください。

新車の情報の**配信者**に、**新車**が届きました。

はい、**新車**（はいしんしゃ）です。

「7月30日」

スプーンは、おつゆをすくうより、具をすくう方が多いと思って、スプーンの真ん中に、二つ穴をあけてみました。

すると、たとえば、**びん詰**の中の食材をすくうにも、カレーライスにラッキョウの汁気をとって、添えるときも、便利です。

果実の**缶詰**から、実だけ、すくうときにも、都合がいいです。第一、穴が二つあるスプーンなんて、カッコがいいでしょう。

つい、ニコニコと笑顔になりますよ。

缶詰、どこで、食べるんですか。

くうかん（空間）で、食う**缶詰**です。

思いつき・ひらめきメモ

「7月31日」

1枚の平らな板状のまな板では、キュウリや長ネギの小口切り、玉葱のみじん切りなど、野菜を細かくきざむときに、切った食材がまな板の外に、転がり落ちてしまいます。

この問題を解決するために、まな板の周囲四辺に、転がり防止の枠（ワク）を設けたのです。

食材は、**枠**（ワク）の外に転がり落ちることもなく、**まな板**を上手く使えるので、嬉しくて、マー、泣いた（**まな板**）ですね。

枠（ワク）を設けたので、**ワクワク**しながら、食材をカットできますよ。

思いつき・ひらめきメモ

8月の言葉遊び

成功発明の秘訣は、人のために考える

◆世の中の利益につながる発明を考えよう

もともと、発明が世の中に出るためには、その創作物が人のため、世の中のためになる要素を備えていることがポイントになります。

それは、発想の根本を他の人（第三者）を中心におかないと、本物の発明は生まれない、ということです。

形「製品」に結びついた事例には、多くの教訓が隠されています。あとから評価をすれば、何か簡単に、形「製品」に結びついたようにみえます。ところが、そんなことはありません。失敗を重ねた悪戦苦闘の結果です。

◆アイデア（発明）は愛である

発明の基本は、優しさ〝アイデア（発明）は愛である〟です。

たとえば、子どもを可愛くしてあげる、といった視点をもつほうがいいものができる、ということです。

発明はやさしくて、楽しい、と考えることが大切です。最初から、発明はむずかしく大変だ。

……、と思っていると、形「製品」に結びつく発明は生まれません。ガマンをして頭をひねっても、いい案は浮かんできませんよ。楽しむ気持ちの余裕が大切です。

「8月1日」

スパゲッティを食べるとき、ふつう、フォークを使います。ところが、フォークの刃先に巻きつけるとき、スパゲッティは、落ちてしまうのです。そこで、考えました。

スパゲッティがフォークの刃先にうまく巻きつくように、握り柄部をらせん状にしました。すると、スパゲッティを刃先に巻きつけるとき、握り柄部がらせん状なので、フォークの回転が軽快です。軽く刃先に巻きつきます。

このフォークで、**パスタ**は、人気ものになります。スー**パースタ**ーです。**スパゲッティ**は、**スーパー**で、**ゲットー**できますよ。

「8月2日」

家庭では、**セーター**を小さく折り畳んで、角型や球形のネットに入れて、洗濯機で洗います。ネットに入れるのは、毛玉を防ぎ、柔らかくふんわりと仕上げるためです。大小の**セーター**を一つの洗濯ネットに入れて洗えればよいのですが、それはできません。型崩れするからです。

そこで、両手を広げやすいように、全体の形状を三角形状にすることで、この一枚のネットで、型崩れを防いで、洗うことができます。

洗濯機で、**セーター**を洗濯して、み**セーター**いです。洗濯したあと、形を確認したいです。

そして、着**セーター**いです。

思いつき・ひらめきメモ

「8月3日」

炊飯器の外側に樹脂製のしゃもじ受けが取りつけられています。

でも、このしゃもじ受けは、使いやすい位置に取りつけられているとは限りません。

そこで、炊飯器に簡単に、保持できる、しゃもじを考えました。

取っ手の部分に、磁石を埋め込んだのです。

すると、炊飯器の好きな位置に、**しゃもじ**をくっくけて保持できます。

とって（**取っ手**）もいいでしょう。

しゃもじで、茶碗に、**めし**（飯）を**とり**ます。

しゃもじで、**幸せ**を**召し**（飯）**取り**ます。

「8月4日」

毛布や掛け布団は、長方形や四角形のものが一般的です。しかし、長方形だと、就寝時に、肩と毛布や掛け布団との間に隙間ができるので、さらに、毛布や掛け布団を重ねていました。

そこで、考えました。毛布や掛け布団の首の部分に、U字状の切り込みを設けたのです。

すると、首にフィットして、自分の体温で、温まることができるようになりました。

寒くない、**布団**の発明を、温かい**布団**の中で、ふとん考え（**ふと考え**）ました。

掛け「×」**布団**なのに、ワー「＋（和）」と飛び起きて布団が、ふっとん（**ふとん**）だ。

思いつき・ひらめきメモ

「8月5日」

「栞（しおり）」は、書物の間にはさんで、読み終わったところを示したりすることに使います。英語では「bookmark」と表現するんですね。

このしおりに、本来の機能だけでなく、定規や読書、筆記の補助具として、使えるように工夫しました。

長さの測定、波線を描く、読書のとき、カーソルなどの**機能**を「＋」**プラス**したのです。

昨日（**機能**）だけでなく、**今日**も、**知識**が増えて、「＋」**プラス**になりました。

「書物＋しおり」が大好きな、「栞（**しおり**）」さんは、いつも、「＋」プラス思考ですね。

「8月6日」

キャンプなどにでかけるとき、たとえば、歯ブラシと栓抜きは、必需品です。

この二つは、同じくらいの頻度で、使います。とても大事なものです。

そこで、軸の両側に栓抜きと歯ブラシを設け、共通の蓋を備えた歯ブラシつきの栓抜きを考えたのです。このように、歯ブラシと栓抜きは、**1セット**なので、いつも、一緒に携帯できます。

キャンプ場の地図を**半分**に切ったら、**マップたつ**にできて、二つの班ができました。

夕方になると、太陽が沈み、1セットが**サンセット**になります。

思いつき・ひらめきメモ

「8月7日」

マフラーは、普通、長方形の生地を首に巻きつけて、装着します。そのため、巻きつけるとき、手間がかかり、首からずれ落ちることがありました。

そこで、考えたのが、マフラーの中心部に、楕円形の穴を設け、そこに、頭を挿入できるようにしたのです。

簡単に装着できるし、首からずれ落ちることもなくなります。

首周りに巻いて寒さを防ぐ、**マフラー**は、あなたに**首ったけ**ですね。ここは**日本**ですが、**マフラー**は、**1本**でいいですね。

「8月8日」

長い頭髪を結んだ女の子が帽子をかぶるとき、無理にかぶって、髪形が崩れたり、帽子の形が変わったりして、不便でした。

そこで、頭髪を結んでいても、着脱できる帽子を考えました。

帽子の左右の側頭部と後頭部に、穴を設けたのです。その穴から結んだ頭髪を出すことができます。帽子の型崩れを**防止する**、**穴**を設けて、問題**解穴**（決）しました。

女の子の**小**さい**帽子**をかぶったのは、だれでしょう。

きっと、**消防士**（小帽子）のお父さんです。

思いつき・ひらめきメモ

「8月9日」

筒状のごみ袋に、ごみを収容したあと、袋口を閉じるとき、どうしていますか？　袋の口を手で縛ったり、紐や輪ゴムを使って縛る人もいるでしょう。でも、その都度、紐や輪ゴムを、準備するのは、面倒です。

そこで、簡単に、袋口を閉じることができるように工夫しました。袋口から少し下がったところに、袋口にミシン目を入れたのです。

ミシン目に沿って、カットすると、紐になります。この紐で、巻きつけて縛ります。

お**ふくろ**（袋）に、聞きました。いつも、袋の口は、お**袋とじ**ですね。庭の**芝を刈っと**きました。その**芝って**、**縛って**もいいですか。

「8月10日」

野菜づくりは、小さな畑やベランダがあれば、だれでも、家庭菜園を楽しめるのが魅力です。そんな家庭菜園で、活躍するのが、バケツです。

2種類の物を運ぶときは、バケツが二つ必要です。そこで、バケツの中央を仕切り、2槽にして、上部に蓋を設けました。

すると、一つのバケツで、二つの作業ができて、とても、便利になりました。**バケツ**を二つ使うと、バケツとバケツで、**バケツー**です。

田畑の家庭菜園、慣れてなくて、**ドタバタ**（田畑）です。**おー・家**のベランダで、家庭菜園、**Oh yeah** です。

思いつき・ひらめきメモ

「8月11日」

長時間、座ぶとんに、正座をすれば、大腿部でふくらはぎなどを圧迫するため、足首、その周辺部から、足指先にかけてしびれます。

それは、正座の姿勢に問題があります。

そこで、考えました。ヒントは、自転車のサドルです。このサドルを正方形の座布団の上面の中央に、一体的に腰掛部を設けるのです。

和室で、**正座**をしていたら、**星座**（せいざ）を聞かれてしまいました。

夜空の**星**（スター）なんですね。

座布団は、洗濯機で、**洗濯**して、干し（星）てから、**選択**するのかな。

「8月12日」

庭先などで、多くの人が手軽に植物の鉢植え栽培を楽しんでいます。成長に応じて大きな鉢に移し替えることが長く楽しむコツです。

植物の鉢替えを行なうとき、簡単に植え替えすることができる、植木鉢を考えました。

植物の鉢替え、何回するのかなあー。

植木**鉢**です。だから、**ハチ**（8と鉢）回です。**ハチ**（鉢）だけに、**エイト**（8）、といって、悩みそうですね。

それでは、**植物**の成長を応援しましょう。

頭に**巻**いているのは、応援用の**鉢巻き**（はちまき）ですね。

思いつき・ひらめきメモ

「8月13日」

腕枕は、たとえば、母親が乳幼児を寝かせるときに、添い寝するように、人との一体感や安心感を与えるものです。そこで、腕枕代用枕を考えました。枕を前腕と上腕に見立てて、折り曲げられるようにしました。

突然ですが、東京駅から、「**北鎌倉**」方面の電車に乗りました。**居眠り**をして、気がついたら、駅員さんが、「来たか枕（**きたかまくら**）」と、大きな声で案内していました。

駅の**ホーム**は、案内などで、うるさいです。

これから、静かな、マイ**ホーム**で、腕枕を使ってください。**深い眠り**に入れますよ。

「8月14日」

タオルで、顔や身体を洗うとき、手に持って使いますが、手から外れることもありました。

そこで、考えました。

タオルの一部に手袋を設け、手袋に手を差し込んで、使えるように、タオルと手を一体にしたのです。

とくに、赤ん坊やペットなどを入浴させて、身体を洗ったり、拭いたりするとき、便利です。

手袋で、**つかみ**がオーケーですね。

タオルと**手袋**が**一体**で、絞るとき、**効率**も**良く**、**知恵**も**絞り**だせそうです。

思いつき・ひらめきメモ

「8月15日」

トイレットペーパーは、ちり紙を、ロール状にしたもので、無地のものが多いです。

そこで、考えたのは、トイレットペーパーに、学習用の、文字、数字、動物などの絵を組み合せて、その問題と答えを印刷したのです。

子どもに、喜ばれそうです。

本来のトイレットペーパーの役目と、語学用を、兼ねることもできます。

トイレに入ったら、**紙を**学習用（**よう**）**に使いすぎて**、おー、**紙がない**。

楽しい発明の、**勉強**は、トイレで、**便器用**（べんきょう）です。

「8月16日」

泳ぐとき、ちょっとした小道具を使って、もっと、早く泳げないか、と考えたことありませんか。たとえば、水を泳ぐ、水鳥の足には、水かきがあります。魚には、ヒレがあります。

そこで、指の間に水かきのある手袋を作ってみました。これだと、力は普通に入るし、水をかく面積が1・3倍くらい大きくなり、スピードもでました。この水かきを指にはめたら、**スーイ**、**スーイ**です。

いつも、**水**曜日に、泳ぐ練習をしていたのかなあー。泳ぐ**スピード**も、さらに、**スピード**アップ。**スピード**解決できて、夢も実現しますよ。

思いつき・ひらめきメモ

「8月17日」

レーキは、落ち葉の掃除や刈り終えた、芝の後片付けなどの掃除に便利です。

ところが、植え込みや草花の密集した花壇などには、大きすぎて使えませんでした。

そこで、狭い場所でも使えるように考えました。熊手部分の開き幅は、切り替えで、四段階です。取っ手のボタンで操作ができます。

狭い場所、**専用**ですが、**小**型で、**大**活躍する、**ミニ**のガーデン・レーキです。植え込みや花壇の手入れが簡単にできます。だから、掃除、**せんよう**、といわなくなります。**操作**も、簡単で、**そうさ**、簡単さ、といっていますね。

「8月18日」

はさみで、紙の工作物をつくるとき、物差し、定規などがなくても、簡単に所定の大きさに、切れたら、便利ですよね。

そこで、考えました。はさみの刃の外側に目盛りをつけたのです。すると、紙を、切りたい大きさに切るのが簡単にできるのす。

はさみで、紙を切るときも、はさみの操作も、寸法の測定も、紙の寸法切りも、カットせずに、簡単に**カット**できますね。

工作物の大きさの**目盛り**は、アナログで計測しますが、USB**メモリ**は、寸法も、形も、記憶（**メモリー**）してくれます。

思いつき・ひらめきメモ

「8月19日」

いままで、針に糸を通すとき、視力が弱い人は、眼鏡がないと、大変でした。

そこで、糸を通しやすくした、ぬい針を考えました。

針の側端に切り込みを入れ、そこに糸をはさみ込んで、針孔まで引き上げます。

切り込みは、カギ型にして、通した糸が、抜けにくいようにしました。

針仕事、タテの**糸**とヨコの**糸**をつなげて、**ハリ**（針）きって、楽しめますよ。

そういった、**いと**（意図）があったのですね。

「8月20日」

家でも、個人の情報などの文書をはさみで、細かく切断することありませんか。そんなとき、はさみを一回、動かすだけで、文書を細かく切断できたら、いいなあー、と思いませんか。

そこで、考えました。はさみを、3列、4列、5列に、平列に、配置したのです。

対象（大正）の文書を、平静（平成）に、一気に、細かく切断できます。例は（令和）いくつもあります。**はさみ**は、どこに**挟み**（はさみ）ましたか。秘密のページです。秘密（**みつ**）にしていることは、いくつありますか。

三**つ**です。早く**はさみ**でカットしたいですか。

思いつき・ひらめきメモ

「8月21日」

人の手、指は、いろいろなことをする上で、一番、使います。でも、脳梗塞などを患って、手、指が思うように動かしにくくなると、財布から紙幣を取るのに、時間がかかってしまいます。取り出すのが大変です。

そこで、収納部の仕切りの上部に、U字状の切欠き部を設けて、仕切りを大きくして、開かなくても取り出しやすいようにしたのです。

周りの人は、ゆっくりでいいから、と、声援（千円）を、おくってくれていますよ。

財布の中には、**声援**（千円）と、**ご声援**（五千円）が入っていました。

「8月22日」

筋力の増加を目的とする**ダンベル**は、主に手で使うものです。

そこで、考えたのは、手でも、足でも、使うことができるように改良した**ダンベル**です。

両端のローラーに、指圧突起ゴムを巻いて、さらに、手、足を入れるための、合成皮革の帯を設けたダンベルです。

この**ダンベル**を使って、トレーニングを**決行**してください。

血行が良くなりますよ。ダンベルの**型**（方）ですか。お堅い系（体型）でしょう。**ダンベル**の**型**も、使う**方**も、決まってますね。

思いつき・ひらめきメモ

「8月23日」

近年の環境志向に加えて、コンビニなどで使うレジ袋の有料化により、買い物用の**エコバッグ**を活用する生活シーンへ変化し、対応が求められています。

そこで、考えたのが**エコバッグ**を巻きながら、折り畳み、固定して、手首に装着できるようにしました。

使うときは、すぐに、手に取れます。

この**エコバッグ**は、シュシュ型なので、アクセサリーの**効果**も、**硬貨**（小銭）も、あります。

ヤッホーで、返ってくる「**エコー**」は、**エコーバック**（レジ袋）と小銭です。

「8月24日」

いままで、リードでつながれた犬は、許された行動範囲内を自由に動き回り、飼主を引っ張るなど、散歩をさせる飼主の意に反した行動をとることがありました。

そこで、リードの握り部分のすぐ下に、ナスカンを取りつけ、リードの先端付近から、複数個のリングを連結させて使うのです。

すると、飼主の**リード**で、ワンちゃんを、**リード**できますよ。

さあー、**ワン**ちゃん、走るんだ、そして、お犬（**いぬ**）くんだ、追い抜（**いぬ**）くんだ。**ワン**ちゃん、**ワン**、**チャンス**ですよ。

思いつき・ひらめきメモ

「8月25日」

縄跳びは、小さなスペースで、簡単に運動ができて、脚部を鍛えられます。

リハビリの訓練などにも有効です。ところが、縄跳びは、体力が劣る人にとっては、過酷な運動になります。

そこで、考えたのがエア縄跳びです。それぞれのグリップに短い紐を取りつけ、紐の先に硬質の重りをつけただけのものです。これなら、紐は、脚に引っ掛かかりません。

だから、だれでも、縄跳びを楽しめます。

体力検査でも、**引っ掛からない**ですよ。

硬質の**重り**は、軽いから、**重いで**（思いで）といわなくて、いいですよ。

「8月26日」

豆腐は、一般的に白色です。栄養面では、勝るのに、慶事用の食材として、敬遠されているそうです。

そこで、豆腐を製造する過程で、食紅などを添加して、紅色の豆腐を造りました。それを白色の豆腐とペアにして、紅白の豆腐を、皿に盛りつけ（**さらに、盛り上げ**）て、食べる縁起物の豆腐にするのです。

豆腐の形は、**四角**です。だから、結婚の**資格**（四角）がありますね。

いつまでも、**大豆**（大事）にしてください。

豆腐について、**問う二人**（**とうふたり**）でした。

思いつき・ひらめきメモ

「8月27日」

いままで、大きなバスタオルは、たとえば、半分に折り畳み、体を拭くときに使います。ところが、使ったあと、洗濯して、物干し竿に干すとき大変です。

そこで、考えたのは、タオルの長手方向の3分の1くらいのところに、短手方向に、貫通する切れ目（スリット）を設けることです。

そのスリットにハンガーを通せば、衣服を掛けたハンガーと同じように、このバスタオルを掛けたハンガーも、物干し竿も、効率よく使えて、**洗濯**も、**乾燥**も、いいですね。

お風呂で、**タオル**を持って、半分に折り畳み、**また折る**（タオル）よ。

「8月28日」

キーホルダーは、持ち歩きやすく、**キー**の出し入れも、簡単だと、嬉しいです。

そこで、考えました。薄板状のカード型の本体に、凹部を設けて、その凹部の底面に、**キー**を付着可能な粘着性の部材を設けた、カード型のキーケースです。チェーンのように、留め具を取りつけなくて大丈夫です。

カード型の本体の厚みは、**キー**の厚さと同じくらいなので、サイフに収納できて、とても便利です。

好きな飲み物は、ウィ（**We**）**スキー**です。キー（**Key**）は、**キー**ケースに入れて、気（**キー**）をつけて、帰宅します。

思いつき・ひらめきメモ

「8月29日」

いままで、多数の突起を設けたゴム製のマッサージ具で、手のひらのマッサージをするための、時間を意識的につくっていました。

そこで、考えたのが、電車の吊り革の握り環やスリーブに多数の突部をつけたマッサージ具です。

帰宅途中、一杯気持ち良く飲んで、電車に乗ると、容赦（**ようしゃ**）**ない**、酔う車内（**ようしゃない**）ですよ。

吊り革の多数の突部で、手のひらのマッサージをすれば、酔いもさめます。**車内**には、来る間（車・**くるま**）がないです。

「8月30日」

人が椅子に腰掛けて、机に向かって、作業をしているときや座布団に座っているときには、前傾姿勢になって、腰骨、背骨が湾曲して、腰骨を傷めて、腰痛やギックリ腰などの原因になったりします。

そこで、座った人の**姿勢**、とくに、腰から上の**姿勢**が良くなるように、**強制**はしませんが、**矯正**する**座布団**を考えました。この座布団の厚さを、前側を薄く、後側を厚くしました。

すると、自然に背骨を伸ばした良い**姿勢**になります。座布団を**洗濯**するときは、**洗濯**機の中へ、**ザブっと**ん、と入れてくださいね。

思いつき・ひらめきメモ

「8月31日」

いままでのスリッパは、室内用として、履いています。でも、脱げやすい問題もありました。とくに、階段の昇り降り、歩いているときに、脱げやすいのです。

そこで、考えたのが、甲部の内側に突部を設けたスリッパです。構造は、簡単です。外見は、普通のスリッパと変わりません。

それなのに、階段などの歩行時に、スリッパが脱げないのです。

脱げにくいス**リッパ**は、**立派**な**スリッパ**です。脱げにくいからといって、高齢者の人は、若い人と同じように、スキップしたら、いけませんよ。スリップしますよ。

思いつき・ひらめきメモ

9月の言葉遊び

自分の力に応じた「テーマ（題材）」を選ぶ

家庭でも、職場でも、自分に経験のないところにも、発明の「テーマ（題材）」はたくさんあります。その中から、素晴らしい発明のヒントがみつかります。

そういうときは、その分野の情報をたくさん集めることです。

そうすると、多くの人が不満や不便に思っていることもわかります。

一方では、自分の力を知ることもできます。

そうすれば、自然に、自分の力に応じた発明の「テーマ（題材）」を選ぶことができます。

◆どこに的をあてたらいいのか

豊富な経験、知識、得意な分野の中から、テーマ「題材」を選ぶことです。

では、どこに、的をあてたらいいのか。

（イ）自分の豊富な経験、知識、得意なこと。

（ロ）図面（説明図）を描いて、手作りで、試作品が作れること。

（ハ）テスト（実験）ができるもの。

（ニ）多くの消費者が望む身近なもの。

この条件の意味、わかるでしょう。

発想が素晴らしい発明を、思いつきました。

そこで、□課題（問題）を解決する方法を考えるのです。□説明文（明細書）を書いてまとめるのです。□一人で、発明を完成させて、まとめるのです。それが、形「製品」にできる、一番いいやり方です。

「9月1日」

風呂敷は、四辺の各角の対角を結んで、大きさを絞り込んで、収納部をつくり、いろいろな形の品物を包みます。

そこで、さらに、他の用途にも使えるように、正方形の布の四周に、折り返し縁をつくって、折り返し、縁内の空間に四隅の開口部から紐を通しました。

紐を絞り込むと、酒の瓶なども、首部を固定できます。

お酒の**容器**を持って、**陽気**になれます。

風呂敷は、**正方形**で、四角ですが、包む**モノ**が**五角**でも、**合格**（五角）といってくれました。

「9月2日」

ごみ箱は、ごみが容器にいっぱいになると、集積場所に移動するのが大変です。ごみ箱を床面より、持ち上げる必要があるからです。

そこで、考えたのが、ごみ箱の底部に**キャスター**を取りつけることです。側面には、牽引用のハンドルを設け、引っ張れるようにしました。

これで、ごみ箱を移動する作業時間も労力も軽減できます。ごみ箱を持ち上げて、移動しなくていいので、悩みもなくなりました。

大きな容器の**ゴミ**を捨てる**醍醐味**（大ゴミ・**だいごみ**）です。**瓶**（びん）、**缶**（かん）のゴミには、敏感（**びんかん**）になりますね。

思いつき・ひらめきメモ

「9月3日」

チューブに入っているマヨネーズなどは、中身が少なくなると、絞り出すのが大変です。

また、蓋を開けたり、閉めたりするとき、マヨネーズが手について、困っていました。

そこで、考えました。容器の蓋の上部に円形のつばをつけて、蓋の形を変えました。

蓋の開け閉めが楽になり、容器を逆さに立てられるので、残り少ないマヨネーズが下にたまって絞りやすくなりました。

容器は、蓋を使う（**ふた**を**つ**かう）から、二つ気（**ふたつ**き）になっていました。それで、二つ（**ふたつ**）買うのですか。容器と蓋は、いつも一緒です。蓋つき（**ふたつき**）です。

「9月4日」

掛け布団は、寝るとき、掛けるだけです。暑苦しいときなどは、足先を出したり、蹴飛ばしたりしていました。

そこで、寝返りをしても、掛け布団がずれ落ちないように、手、足の一部を出し入れができるように、工夫しました。

新しい布団は、お布団屋さんで、買ってください。割引きは、お布団屋（**オフとんや**）さんのオフ問屋（**オフとんや**）です。

同じ布団に、**三日寝た**（みかねた）のですか。いつも、布団を干さないので、**見兼ねた**（みかねた）のですね。

思いつき・ひらめきメモ

「9月5日」

赤ちゃんの成育の状況を知る方法は、身長や体重を測ることが一般的です。

体重は、簡単に測定できますが、身長は、赤ちゃんを立たせて、測ることができません。

そこで、考えたのが、四角形の**タオルの対角線上に、目盛りを印刷し、余白部に、男女別の赤ちゃんの平均身長を示した表を印刷**したのです。このタオルに、赤ちゃんを横にすれば、身長が測定できます。

家庭で、身長や体重を測る**過程**が幸せな時間です。赤**ちゃん**に、いわれました。父**ちゃん**、母**ちゃん**、**ちゃん**と測ってね。

「9月6日」

キッチンで、玉子焼きなど、調理品を等分に切りたいです。

また、チーズなどの固形物の食材を人数分に合わせて、所定の大きさを測定して、分割できると便利です。弁当箱に食物を詰めるとき、上手に納めたいです。

そこで、考えたのが、箸に、目盛りをつけることです。長い**箸**の側面に目盛りをつけました。これで、等分に切り分けができて、**詰め**るとき、あき（空き）がないように、きれいに、**詰め**られて、気持ちも、スッキリします。

つめ（詰め）は、甘くないですよ。

思いつき・ひらめきメモ

「9月7日」

即席のラーメンやうどんの調理をするとき、麺をゆでるお湯とは別に、濃縮の液体や粉のスープの素をどんぶりに入れ、適量の熱湯を注ぎ、スープをつくります。

そこで、考えたのは、ラーメンやうどんを入れる、どんぶりの内側に、目盛りの線をつけて、注ぐ熱湯の量をわかりやすくしたのです。

適量な熱湯の量を注げるので、スープの濃度も調節ができます。

アツアツの**カップル**は、アツいので、熱湯を量るという作業を省くことができます。

二人は、**カップ**を使いながら、**アツアツ**（熱い、熱い）ね、といっています。

「9月8日」

チューブに入った歯磨き剤の蓋を開け、歯ブラシに歯磨き剤をつけるのは面倒です。

そこで、考えたのです。柄の部分から先端の植毛部分まで、歯磨き剤が通るよう、貫通した穴を設けました。

歯ブラシと共に、歯磨き剤の容器まで、洗浄ができるため、清潔です。

携帯するときも、歯ブラシと歯磨き剤を別々に持って行くこともなく、便利です。

歯ブラシと歯磨き剤、**合体**して、いつも、一緒に**いたい**（一体）です。一体なので、歯磨き剤はすぐに歯ブラシに伝わり、磨いた効果も一緒に伝わりますね。

思いつき・ひらめきメモ

「9月9日」

雨の日、駅の券売機やお店の前で、支払いをするとき、両手を使いたいが、手に持っている傘が邪魔になり、困ったことがありませんか。

そこで、考えたのが、傘を地面に起立させることができる傘です。傘の柄の先端に、一体で成形した、丸い円板を設けました。

傘が邪魔になったとき、円板を足で踏むだけで、手を離しても、起立ができるのです。

じつは、学校で、定期試験が行なわれていました。その日、天気は雨でした。天気も、調子も、悪く、**問題**が解けなくて、席を**立って**、先生、**降参**といったのは、高校3年生（**高3**）でした。

「9月10日」

外食後、水を十分に、使えなくて、歯磨きができなくて困ったこと、ありませんか。

そこで、考えたのが、フタのついた円すい状のコップの先端部に柄つきの歯ブラシを組み合わせた携帯用のミニ歯ブラシです。

これなら、外出時など、腔内を素早く、キレイにできます。食後、洗面の設備が整っていなくても大丈夫です。

このミニ歯ブラシ、5段階で採点すると「**4**」です。5じゃないんですか、**4・歯科**（しか）です。歯が輝き、外食も**楽しか**です。そこの、歯医者さんは、田野歯科（**たのしか**）です。

思いつき・ひらめきメモ

「9月11日」

傘の取っ手は、外形が「J」字形をしていて、持ちやすいのがポイントです。

その傘の取っ手を、机の縁に引っかけて置くと、安定感がなく、動きやすく、ずり落ちます。

そこで、考えました。

取っ手の端部に、滑り止めを設けました。すると、滑り止めが、傘のずり落ちを、防止してくれます。

テーブルの隅に**引っかける**ときなど、**引っかかる**効果を発揮しますね。

傘も、会話も、**すべる**（滑る）こともないし、**オチ**（落ち）は、いらないです。

「9月12日」

歯ブラシとコップは、洗面台のところに一緒に置いています。歯ブラシをコップに入れたとき、コップの底に、水が残っていて、底面が乾かず、不衛生です。

そこで、考えたのが、コップの**取っ手**を活用して、歯ブラシを立てるようにしました。コップの**中**の歯ブラシ、**とって**も仲（**なか**）がいいです。

コップの上部に、歯ブラシの柄の通る穴を設け、**取っ手**の下部に、歯ブラシの柄の端を**受ける**くぼみを設けたのです。

多くの人に**ウケ**ますね。**取っ手**を活用したところが、**とって**もいいです。

思いつき・ひらめきメモ

「9月13日」

一般に、日本で、一番、使われている箸の形は、箸の上方を大きくした四角錐に近い形のものです。

そこで、考えました。中央部の直径を一番大きくするのです。そして、上方を、四角錐にして、下方を円錐形にしました。

この箸は、箸置きを使わなくても、衛生的に使えます。

箸は、**中央**に置いても、**ハシ**（端）といいます。

この箸を、テーブルの上に置くと、四角錐の箸先も、円錐形の箸先も、空中に浮きます。

箸の**端**が浮いた**箸**ですね。

「9月14日」

動物の絵柄に言葉をつけて、幼児に動物の名前を覚えさせる方法が昔からあります。

これは、象（ぞう）さんです。これは、お猿（さる）さんです。すると、すぐに覚えます。

そこで、親は、絵柄をひらがなにして、トランプの神経衰弱の方式で、言葉を覚えることができないか、と考えたのです。このカードで、しりとりもできるなど、遊び感覚で、文字を覚えられる「あいうえおのカード」です。

幼児期の教育、いつから始めるか、悩みます。

幼児の**教育**は、**今日**、**行く**です。

幼児期になると、明日の**用事**、**気**になります。

思いつき・ひらめきメモ

「9月15日」

雨の日は、電車の床が濡れているため、長時間立っている人は、重い荷物を床に置けなくて大変です。そこで、考えたのが、傘を垂直方向に立てたとき、傘の柄の上端部にくぼみ（凹部）を設けたのです。

傘は**かさ**ばらないですよ。このくぼみ(凹部)に、重い荷物でも、ラクに提げることができます。軽い力で、維持できるので、重い荷物でも、ラクに、**傘**（かさ）の柄に、荷物を、重（**かさ**）ねて、提げ続けることができます。

濡れている路面で、長時間、傘を**立てて**、**立ち**話をするときにも便利です。

「9月16日」

レストランを経営しているシェフが、若い人に、料理に、興味をもっていただきたい、と思っていました。

そこで、考えたのが、料理用の計量カップです。醤油、みりん、砂糖、水など、レシピにそった目盛りを、カップに印字したのです。

料理で、一番むずかしいのは、味つけです。味つけが上手くできれば、だれでも、料理はできます。目盛りに、そって調味料を入れるだけで、美味しい料理ができるのです。

今日は、人数が多いから、鯛（**たい**）の**料理**を、**大量**につくりますよ。

思いつき・ひらめきメモ

「9月17日」

弁当は、容器に、ごはんやおかずを分けて詰めます。弁当を、つくる側が、おかずに変化をつけても、食べる側は、毎日のことなので、感謝の気持ちを、なかなか伝えられません。

そこで、考えたのが、食べる時間が楽しくなる弁当箱です。外容器と、透明な内容器、伝言を書くための筆記具を、組み合わせたのです。

そして、外容器の底に、「いつも、ありがとう」などの、伝言が書けるようにしたのです。

優しい言葉は、元気の素です。

弁当箱の形は、長方形でも、四角でも、**気持ち**は、いつも、ハッピーで、◯（**マル**）くなっていますよ。

「9月18日」

いままで、まな板は、水平に置いて使っていました。そのため、濡れた材料を調理すると、まな板に水分がたまり、その度に、布巾で、キレイに拭いていました。

そこで、考えたのは、まな板が汚れたときは、そのまま、まな板に水を注いで、簡単に洗い流しができて、長方形のまな板を傾斜できるように足を設けました。

まな板の**立**場を**たて**たいです。まな板を立てたとき、**乾燥**（感想）は、いかがですか。

まな板を傾斜させて使うと、食事の、**マナー**、**板**につかないですか。

思いつき・ひらめきメモ

「9月19日」

いままでのゴミ箱は、単にゴミを入れるだけの容器でした。しかし、これでは、分別ゴミのプラスチック類を入れると、かさばり、すぐ、いっぱいになってしまいます。

そのとき、蓋を開け、手で押し込むとき、怪我をすることもありました。

そこで、ゴミ箱の蓋に、押し板を備えた押し棒を設けたのです。ゴミ箱がいっぱいになってきたら、押し棒で、中のゴミを圧縮すれば、次のゴミを入れやすくなります。**プレス**で、ゴミを圧縮する**プレー**、**す**きです。

加圧に、**かぁーつ**（かつ）です。

「9月20日」

ティッシュペーパーの箱の近くに、ゴミ箱がないと、使用済みのティッシュペーパーを床などに散乱させてしまうことがありました。

そこで、考えたのが、空箱つきティッシュ箱です。ペーパーの箱と空箱を組み立てるようにしたのです。

すると、使用済みのティッシュペーパーを、一時的に保管ができます。

散乱することもありません。箱の中に、**撤収**（ティッシュ）できました。

ティッシュペーパーを、いつも、散乱させるのは、**亭主**（ティッシュ）でした。

思いつき・ひらめきメモ

「9月21日」

包丁で堅い物を切るとき、いままで、包丁の峰に取りつける押し具がなかったため、右手で包丁の柄を持ち、左手の平で包丁の峰を上から下へ押しますが、左手が痛くて、大変でした。

そこで、考えました。押し具の本体の下部に包丁の峰を装着できるように、溝（凹部）を設けた、包丁の押し具です。

夫婦、カップルには、深い溝はいりませんが、包丁の押し具のミゾは、大活躍します。

押し具は、**押し**が大切で、包丁で**かたい**（堅い）物をカットします。二人の絆は、いつも、**かたい**（固い）ですよ。

「9月22日」

調理をするとき、包丁は、食材を切るために使われますが、水分が多い柔らかな食材を切ると、刃板面に切断した食材が密着します。すると、切る作業の効率が悪くなります。

そこで、考えました。包丁の刃先に対して、垂直の方向に幅を狭くして、細長い凸部を複数設けました。

これで、薄物の切り出しと切り離れを改善できました。切り離しが簡単にできて、食材を損ねずに切断できるようになりました。

包丁は、**キレ**がよくて、食材も**キレ**イにカットしてくれますね。

思いつき・ひらめきメモ

「9月23日」

いままでの食器は、食べやすさが優先されていました。

そのため、一口一口の量も多くなり、早食いや食べ過ぎの原因になっていました。

そこで、食事用の箸やスプーンなどが通る、**開口**部を設けた**蓋**を作ったのです。

蓋を茶碗などの食器にのせて、**開口**部を移動させながら、使うのです。

すると、一口一口の量が減り、時間もかかるので、満腹感をはやめてくれます。

満足度は、食事量を制限できるので、蓋の**開口**部に、**開口**一番、大満足です、といいました。

「9月24日」

料理が皿に盛りつけられた状態をみると、皿の底に味つけされた油が溜っていることがあります。その味つけられた油に浸された、炒め物を食べており、過剰に油性分や塩分を含んだ水分を摂取しています。

そこで、考えました。皿の底の中央部を高くすることです。すると、料理された食品の過剰油性分、塩分を含んだ水分等は、皿の周縁に流れ、取り過ぎを抑制できます。

皿の底は**平坦**ですが、ダイエットは、**平坦**な道のりでは、ないですね。過剰油性分、**油断大敵**です。**油**は**断**っても、**油断**してはいけませんね。

思いつき・ひらめきメモ

「9月25日」

ステッカーを栞（しおり）として使う人がいますが、書物に栞はついていますが、栞とステッカーは一体になっていません。

そのため、ステッカーはある位置に貼りつけ、文字、記号などを表示します。

そこで、考えました。栞とステッカーを一体にして、読書、学習など、用途、使用目的によって、個性的な使い方ができるようにしました。

一体、どうすればいいですか。**栞とステッカー**を**一体化**することです。

だから、もう、**捨てっかー**、といわないでくださいね。

思いつき・ひらめきメモ

「9月26日」

パンフレットなどの印刷物を整理するとき、穴（2穴）を開けて、ファイルにとじます。

でも、問題点がありました。

定形外の書類は、穴を開けない限り、ファイルにとじることはできませんでした。

そこで、考えたのが、1本のテープです。テープの半分の幅を透明粘着テープに、もう半分を不粘着テープにするのです。

そして、26穴バインダーと等間隔の、**穴を開**けた不粘着テープにしたのです。

ファ**イル**に、上手く、入る（ファ**イル**）ので、問題解決（**開穴**）ですね。

「9月27日」

円盤の台座に、鉛筆削り部を設け、片面にブラシ部を設けた文房具です。

鉛筆の軸や芯の削りかすが、卓上に散らかるので、ブラシ部で掃除ができます。

キャラクターの図柄を使うと、装飾性が高まって商品の価値がアップしますよ。

ここで、話が脱線します。鉛筆（**ペン**シル）で、いい**方**（肩）ね、といって**肩**をトン、トンと、タッチしました。それって、**セクハラ**でしょう。**腹**じゃなくて、**肩**だから、**セクカタ**ですか!?

鉛筆の素晴らしさを、もういっ**ぺん、知る**（**ペンシル**）べきですね。

「9月28日」

鉛筆やボールペン、定規、消しゴムなどを分けて、整理して置ける、容器があると便利だ、と思いませんか。

そこで、考えたのが、「上段・中段・下段」に分けて、容器の側面には、カギのフックを設けた容器です。

コンパクトに収まり、しかも、メモ用紙も、容器の側面に一体にしたのです。

卓**上**の整理整頓が**できて**、学習効果が、期待できます。**効果**は、ありますが、**硬貨**は、使いませんよ。冗談が好きな私が、一番よく使うのは、**上段**ですね。

思いつき・ひらめきメモ

「9月29日」

文字を書くときなど、紙の下に敷く、**下敷き**は、柔らかいタイプのものと、硬いタイプのものがあります。

ペンの種類や、筆圧の加減によって、2種類の下敷きが必要でした。

そこで、下敷きを2枚準備しなくても、1枚の下敷きで、2種類の使い分けができる下敷きを考えました。柔らかい下敷きと、硬い下敷きを貼り合わせて、一体的にしたのです。

下敷きを使いだした**時期**や使った**時期**は、いつごろか、覚えていますか。下敷き(**時期**)ですから、**じき**に思い出しますよ。

「9月30日」

文鎮は、文房具の一つで、文書や紙類が動かないように置く道具です。

構造は、とても簡単です。

形は、棒状で、つまみがついている金属製のものが一般的です。

そこで、円盤状の形状の文鎮を考えました。摩擦力のある粘弾性体の内部に、素材が磁性体で、重い部材を内蔵したのです。

文鎮は、**重し**で、使うから、**重い**です。だから、**思い出**になるんですね。

文鎮より、私と、昨日(**機能**)だけでなく、今日も、明日も、仲良くしてくださいね。

思いつき・ひらめきメモ

思いつき・ひらめきメモ

10月の言葉遊び

「特許、実用新案、意匠、商標」は、私たちの生活の中にある

産業財産権、という言葉をご存じですか？

うーん、むずかしそうな言葉ですね。

はじめて聞く人も多いと思います。

産業財産権とは、特許、実用新案、意匠、商標の総称で、私たちの生活に密着しています。

だけど、産業財産権をコンピュータ（ＩＴ関連）のハード面の集積回路、ソフト面のプログラムと思って、自分には縁遠いと考えている人もいます。

……、ちょっと待ってください。

そうじゃないですよ。頭の中で考えた○○の作品は、産業財産権ですよ。

だから、だれでも、年にたくさんの権利をとっています。ただ、それを自覚していないだけのことです。

（イ）**特許**（発明・パテント・Patent）の権利期間は、出願の日から20年です。

（ロ）**実用新案**（考案・utility model）の権利期間は、出願の日から10年です。

（ハ）**意匠**（デザイン・design）の権利期間は、設定登録の日から20年です。

（ニ）**商標**（ネーミング、サービスマーク・registered trademark）の権利期間は、設定登録の日から10年です。

「10月1日」

いままでのラップは、無色透明なので、物を包装し、はがすとき、困るのが、両側のはがし口がわかりにくいことです。そこで、両側に色別枠を設け、はがしやすいようにしました。

装飾は、子どもが喜ぶ絵柄にして、さらに、家庭の雰囲気が明るくなるように、色をつけて、カラーラップにしたので明るくなりました。

色別枠で、はがし口がすぐにわかります。

料理の種類も**色別**枠で、**識別**できます。ラップは、**カラー**で、物を包装します。だから、カラー（**空っぽ**）じゃないですよ。親が子どもを**抱擁**する、**包容**力は、愛情**いっぱい**です。

「10月2日」

定規は、裏面が平らなものが多く、机などから持ち上げるとき、つかみにくい、という問題がありました。

そこで、定規につまみ（持ち上げ板）をつけるために、定規の角の一部を粘着面にしました。

そして、定規の角に、つまみ（持ち上げ板）を貼りつけました。すると、つまみをつかむと、定規は、簡単に持ち上がりました。

これで、**算数**も、**定規**も、つかみ**OK**です。

だから、行儀（**ぎょうぎ**）もよくなりますよ。

定規の使い方も、算数の宿題も、楽しめ、**親子**の、二人の顔が**笑顔**で、**ニコ**、**ニコ**です。

思いつき・ひらめきメモ

「10月3日」

まな板には、小道具を収納できるスペースは、ついていません。

それで、料理をするとき、いつも、必要な小道具を、まな板に収納できると、便利なのに、と思っていました。

そこで、考えたのが、まな板の中を空洞にすることです。まな板に、小道具を置くスペースを作ったのです。すると、キッチンが、広く使えるようになったのです。

すると、**キッチン**が、**きちん**と片づき、**きちん**とした、**キッチン**になったのです。

「10月4日」

いままで、料理を作るとき、包丁は、柄（持ち手）を握って、使うだけで、指圧は、できませんでした。

それで、包丁を握るとき、手の平や指にあるツボの刺激ができないか、と思っていました。

そこで、包丁の柄の周囲の全体に、凸部（突起部）をつけました。

すると、**握り**ながら、**指圧**ができるのです。**健康**の維持ができます。**指圧**の効果もあり、思う**ツボ**ですね。

夜食を作るとき、使ってください。**ツボ**の刺激が**ないと**（night）、疲れがとれ**ないと**です。

思いつき・ひらめきメモ

「10月5日」

いままでの箸の形状は、直線的で、丸形や角形で、箸とは別に、箸置きを準備しなければ、衛生的に使えませんでした。

そこで、どうしたら、衛生的に使えるか、考えました。箸の中央に、凸部を設け、「箸」と「箸置き」を一体にしたのです。

さらに、握り部の一端を弾性材で連結し、一対にしました。すると、ピンセットのようにつかめます。

美味しい**トマト**を食べようか、箸が止まっと（**とまっと**）るです。大好きなものを食べるときは、**箸**が走って（**はしって**）います。

「10月6日」

これまでのまな板は、食材を包丁で切ったあと、その食材を容器に移す作業が必要でした。

そこで、そのような煩わしさを解消するため、まな板の一部に、切った食材が通る大きさの穴を設けました。

そして、穴の下に、容器をセットすることで、切った食材は、直接、その穴から下に落とし、容器に移すことができるのです。

食材を切った包丁の**キレ**もよく、まな板の上も、**キレ**イです。今朝は、納豆と相性の良いネギを切りました。**納豆**が、うまいと、**なっとく**して、う**なっとう**ります。

思いつき・ひらめきメモ

「10月7日」

菜箸は、箸と同じで、端の上方を手で持ち、端の先端で食品を挟みます。

でも、料理をとり分けるのは、1回だけではなく、何度も使います。

その都度、洗剤で洗うのは、効率が悪いです。

そこで、持ち手が中央にくるように考えました。そして、菜箸の両側で、食品を挟めるようにしたのです。

この菜箸を使うと、**ついて**いますよ。

菜箸が二つ、**ついて**います。**菜箸**は、どこで買うといいですか、心弾ませてくれる、大阪の心斎橋（しん**さいばし**）ですよ。

「10月8日」

平板状のまな板は、両面が、食材を切断するためのカット面になっています。ところが、カット面で、カットするとき、トントンと音が響いて、うるさく感じることがあります。

そこで、考えたのが、両面のまな板の間に、消音シートをサンドイッチのように、挟んだのです。すると、包丁を使うときに、トントンと響く調理音を、最小限に抑えられたのです。

これで、包丁で**食材**を**カット**するときの音も、**カット**できますね。

消音シートをまな**板の間**に挟んで、**いた**（いつ）の**間**(ま)にか、静かなまな板が誕生したのですね。

思いつき・ひらめきメモ

「10月9日」

人の手のひらには、末梢血管が集中しています。

手のひらを刺激して、血行を良くすることはできないでしょうか。

そこで、考えました。車のハンドルのカバーの表面に、突起をつけたのです。

ハンドルを握るとき、ハンドルのカバーについている突起で、手のひらが刺激されるのです。自転車のハンドルにも応用ができます。

血行が良くなって、**結構**なことです。

この**ハンドル**のカバーの値段は、いくらですか、1ドルの半分で、**半ドル**です。

「10月10日」

不平、不満、グチをいう人、発明家に大歓迎します。町の発明家で、超有名な笹沼さんの作品は「洗濯機の糸くず取り具」です。お金（特許料）を約3億円いただきました。私(中本)は、発明をもりあげたくて、本を書き続けています。**目標は、歳の数だけの著書**です。

いま、69歳です。69冊目の本は、『モノづくり・発明家の仕事』(日本地域社会研究所)です。**ホント**ですか。はい、**フォント**です。私は、活字が大好きです。

大好き、知識が豊富、得意な分野にチャレンジを続けます。**A4**の原稿用紙が、**エーヨン**(イーヨ) といってくれました。

思いつき・ひらめきメモ

「10月11日」

一人で、のんびりと、お風呂に入りながら、簡単に背中を刺激できると、いいなあー、と思ったこと、ありませんか。

そこで、刺激する方法を考えました。

背もたれ板に、突起を設け、お風呂に、取りつけるように、裏側に吸盤をつけました。

浴槽の内側の、適当な高さの位置に、吸盤を、押しつけたら、突起で背中を刺激して、こりをほぐします。

背中に突起を合わせて、**男**の人が**背中**を**押す**（オス）んですね。背（**ハイ**）。

浴槽で、**よくそう**思うんですね。

「10月12日」

雨の日の外出は、少し、ゆううつになります。

また、雨の日の傘は、荷物になります。

そこで、傘の握りを、握っているだけで、楽しい健康器具に使えないか、と考え、傘の握りの全体に、突起を設けたのです。

すると、握っているだけで、手のひらのツボの刺激ができます。

健康器具として、健康の管理ができますよ。

手のひらのツボを刺激できるので、傘を忘れることもなく、**傘**（かさ）、**貸さ**（かさ）ない、といいながら、傘を持つのが楽しみですね。

アイアイ傘で、**愛**の**ツボ**にはまりますよ。

思いつき・ひらめきメモ

「10月13日」

雨傘の握り部は、持ち運びがしやすいように、形がU字状に湾曲しているものが多いです。

また、手摺や手首、腕などに、引っ掛けるとき、とても、便利です。

でも、傘をテーブルなどに立てるとき、困ることがあります。それは、握り部と、テーブルの接触面が、滑りやすいことです。

そこで、考えたのが、握り部の接触面の一部に、滑り止めの部材を設けたのです。すると、接触面が摩擦力で、滑りにくくなりました。

傘が滑って、**転んでも**、傘は、口論だ（**こーろんだ**）と、いいませんね。

「10月14日」

傘の中棒からハンドルにかけては、Jの字の形をしています。傘を差すときなど、便利な形状になっています。

傘を閉じて、壁などに、立てかけようとすると、傘は、滑って、倒れることがあります。

そこで、考えました。

握り柄のU字状の部分を、床面に置くことにより、握り柄が台座となって、**自立**できるように、傘の中棒に対して、垂直にL字形に曲げました。

傘が、**自立**できると、きっと、支持率（**しじりつ**）も高いですよ。

思いつき・ひらめきメモ

「10月15日」

立ち読みをしたいけど、傘を持っているので、両手が使えない。……、と、いった、体験をしたこと、ありませんか。

そんな悩みを解決してくれたのが、足がついた、カサスタンド「KASATATSU」です。

傘の先端に、装着するだけで、傘が倒れず、**自立**し、装着したまま、傘は使えます。

スマイルキッズ（株）と愛知学院大学の油井ゼミの学生さんが、共同で開発した商品です。

立ち読みがヒントになって、自立（**じりつ**）できる傘が誕生しました。**両手**が使える良い手（**良手**）立てになりましたね。

「10月16日」

みなさん、夜間、雨降りのとき、夜道を歩きながら、光りを点滅させて、歩行者の位置を、車の運転者などに、知らせることができれば、交通安全につながるのに、と思ったことありませんか。

そこで、考えました。傘の先端が光るように、電球をつけたのです。

使うとき、スイッチを操作できます。

小さな光り（**ひかり**）ですが、大きな効果（**のぞみ**）があります。

それを、光りの**照明**（ランプ）が効果を**証明**してくれました。

思いつき・ひらめきメモ

「10月17日」

子どもが、毎週、学校から持ち帰ってくる上履き、洗うのが、面倒くさい、と思っていませんか。その悩みを解決してくれたのが、**発明芸人**で有名な、**マシンガンズ**の**西堀亮**さんが監修した作品です。洗濯機で靴を洗える「**静音 くつ丸洗い洗濯ネット**」です。

ポイントは、約9ミリの極厚のクッションメッシュです。開口部を斜めに横切るバンドを設け、3本のベルトをボタンで留めます。

靴を洗うとき、音を静かにして、苦痛（**くつう**）をなくし、**お金**に結びつく、**洗濯**を**選択**しました。

「10月18日」

傘を閉じて、持ち歩くとき、買い物をした荷物を柄に掛けられると、便利なのに、と思ったこと、ありませんか。

そこで、考えました。傘柄に、大・小のフックを対称の位置に設けて、荷物を、分けて、吊り下げられるようにしました。

複数の、**重い**荷物、軽い荷物の思いが通じて、バランスが取れて、雨の日の買い物を、楽しく、サポートしてくれます。

荷物が**おもい**（重い）なーといいながら、買い物の日は、楽しい、思い出（**おもいで**）の一日になりますね。

思いつき・ひらめきメモ

「10月19日」

濡れた傘を傘のケースに入れて、携帯することは、理想的です。ところが、傘のケースを保管する場所に困ったことありませんか。

そこで、考えたのが、傘を使っているときに、ケースを入れるポケットを、傘布の裏面側に設けたのです。

すると、ケースの出し入れができます。

小物は、ポケットに入れられます。雨のことで、悩む（な**やむ**）ないでください。

雨は、そのうちに、止む（**やむ**）ます。

お菓子屋の**恵**さんがいいました。

雨の日は、**恵**の**あめ**（飴）です。

「10月20日」

屋外の、スポーツ観戦などで、雨がふっているとき、傘から、雨の雫が、したたり落ちて、濡れてしまいます。そこで、考えました。

足下に雨の雫が落ちてこないように、傘の形状を逆さにしました。すると、雨の雫が傘の外周から、落ちてこないのです。

雨水は、円すい状の傘の中心部に集中するので、中心部に穴を設けて、ホースをつなぎ、傘の外側に水を放水します。

雨天の中で、野球の試合をすると、**球**（たま）を、打てん（**うてん**）か。そういうことも、**急**（球）だから、**たま**には、ありますね。

思いつき・ひらめきメモ

「10月21日」

世の中、そう簡単に、相合傘のチャンスに恵まれることはないです。

そこで、考えたのが、相合傘のチャンスに、恵まれるまでは、自分の好きな、芸能人などの写真を印刷した相合傘です。

傘の裏地の左方、または、右方に芸能人などの写真をプリントしたことが特徴です。相合傘は、男女2人の距離感がグッと縮まることもあります。

コンビニのバイトで知り合った、高校生の二人は、**コンビ**になって、**カップ**ルに発展しました。

二人が使っているのは、ハートの可愛い形の**カップ**です。

思いつき・ひらめきメモ

「10月22日」

雨の日、夕暮れや夜の暗い道で、傘と、荷物を持つと、**懐中電灯**は、**もた**（もて）**ない**のに、**荷物**には**もてて**、歩くのが大変です。

そこで、考えました。歩行者を、通行車両から、より明確に、認識させて、交通安全、防犯に役に立つようにしました。

傘全体を、ＬＥＤのライトの光で、照らせるように、照明器具を取りつけたのです。

照明器具は、取りつけ、取り外しができるので、どの傘にも、取りつけて使えます。

ＬＥＤの**ライト**は、**レフト**側でも、明るいことを、**照明**器具が**証明**しました。

「10月23日」

手袋は、手を保護するためなど、いろいろな分野で、活躍しています。

たとえば、野菜や果物を収穫するとき、目安になる、大きさがわかると便利です。

そこで、作業性を考えて、手袋の、人差し指と、親指の先まで、目盛りをつけたのです。

すると、初心者の方でも、手袋の、指に目盛りがついているので、長さ、大きさ、太さ、深さなど、サイズの目安がわかります。

収穫しながら、その場で、分別ができて、**効率**が良くて、**手袋**で、**つかみ**ＯＫで、**収穫**の仕事も、楽しめます。

「10月24日」

料理などで、紙容器の牛乳を使うとき、計量カップを使います。でも、使いたい量を、いちいち、計量するので、面倒くさいです。

そこで、考えました。紙容器に、覗き窓を設け、その覗き窓に、目盛りをつけることを思いつきました。

すると、紙容器の中が良くみえて、清潔感もあります。商品として、価値も良いイメージがわきます。

計量カップを使わなくても、使いたい量が一目でわかります。**計量**したら、思った（重った）より、**軽く**て、**軽量**でした。

思いつき・ひらめきメモ

「10月25日」

数値をグラフにするときに、便利な用紙は、方眼紙です。便利ですが、方眼紙の線が気になるときがあります。

たとえば、体重のデータを日々、計測するだけではなく、一緒にグラフに表すときです。

そこで、考えたのが、複数枚のメモ用紙をずらして、重ねることです。すると、数値とグラフのメモ用紙がすぐにわかります。

紙を**ずらして**、**重ね**られるので、健康管理は、**ズレ**ませんよ。毎日、**用紙**を使って、**よーし**、と気合も入り、その**目盛り**の使い方も、**メモ**も**り**かい（理解）できますね。

「10月26日」

いままでの、編み針に、目盛りは、**ついて**いませんでした。みなさんは、日々、**ついて**いますよ。それで、手編みをしている途中、編み物の長さを知りたいとき、メジャーを取り出して、読み取るので、手間がかかっていました。

そこで、考えたのが、編み針に目盛りをつけることです。いつでも、**目盛り**も、**気持ち**も、**読み取れ**ます。**編み物**しますか。もちろん、ですよ。編み物は、**手づくり**で、**形になる**から、楽しいです。編み針の**メジャー**を使って、気持ちも、**メジャー**になっています。**まめ**に、手編み、しますよ。いつも、マ**メジャー**です。

思いつき・ひらめきメモ

「10月27日」

いままで、綿棒を使って、耳の掃除をすると
き、耳の奥に、どの程度、挿入していいのか、
わからなくて、深く入れすぎ、外耳道や鼓膜を
傷つけることがありました。

そこで、考えたのが、綿棒の軸に、長さがわ
かるように、目盛りと数字を表記したのです。
綿棒に、目盛りをプラス（＋）したら、挿入
する深さを調節することができます。事故も防
止できます。

剣道（県道）は、面、胴ですが、県道でボー、
としてはいけませんよ。事故につながります。
綿棒は、**メーン**（面）、**ぼー**（棒）、です。

「10月28日」

液体調味料の容器は、容器自体を傾けて、内
容物を出す構造になっています。

そのため、使用量が不正確で、料理の味が、
毎回、違うばかりか、油や醤油などを、摂り過
ぎて、健康への影響がありました。

そこで、考えました。シャンプーなどの容器
に使っている、手押し式ポンプの構造を応用す
ることです。動く部分に、目盛りをつけました。
ポンプを押すと、**正確**に量が出せるのです。

性格も素直になり、**笑顔**が**健康的**でいいです
ね。**容器**を持って、料理を作り、盛りつけた、
容器をみて、**陽気**（容器）になりますね。

思いつき・ひらめきメモ

「10月29日」

いままで、お茶を入れるときは、急須へお湯を目測で入れていました。

それで、湯呑に合った、お湯を急須へ入れるのは、大変でした。

そこで、必要なお茶の分量だけ、お湯が計れたら、いいなあーと思い、急須の内面に、目盛りをつけることを考えました。すると、お茶の葉は、湯呑の量に対応します。急須内の湯量が、ムダになりません。最高です。

ハ（葉）ー、ハ（葉）ー、といって、感心しますね。ハイ、**急**で**す**が、急須（**きゅうす**）で、給水（**きゅうす**い）お願いいたします。

「10月30日」

塗料用のパレットで、絵の具を混ぜ合わせるとき、目分量に、頼っていたので、同じ色を、再現するのは、大変でした。シングル（一**人**）で、**混合**（ダブルス）ですよね。

そこで、指定された色を、再現できる、塗料用のパレットを考えました。

混ぜ合わせる、比率の目安となる、目盛りをパレットにつけたのです。

この目盛りを使えば、**マゼン**タ色の絵の具を**混ぜんな**よ、と、いわれても、簡単に、**マゼン**タの色になってしまいます。

思いつき・ひらめきメモ

「10月31日」

炊飯器などの釜の中に、米を入れて研ぐとき、米が多いときは、研ぎやすいが、少ないとき、とくに、3合以下のときは、研ぎにくいです。

さらに、炊飯器などの釜の内側に、水を計量する目盛りがついていますが、外側からはみえず、釜を水平にしながら、目盛りに合わせるのは、むずかしいです。それでも、**釜**は、あなたのこと、**かま**ってくれますよ。

そこで、少量の米でも、直接、手を使わず、米が研げ、さらに、水の計量が、できるようにしたのです。米は、**重い**です。その大切な重(おも)さに、**思い**をこめ（米）るんですね。

思いつき・ひらめきメモ

11月の言葉遊び

特許庁の「特許情報プラットフォーム（J-PlatPat）」は、「特許の図書館（library）」、「特許の辞書（dictionary）」

特許庁のウェブサイト「特許情報プラットフォーム（J-PlatPat）」は、先行技術（先願）の「情報」がいっぱいつまっている「**特許の図書館（library）**」です。

「**特許の辞書（dictionary）**」です。

無料で、利用できます。活用してください。

◆特許庁の公報は、書類を書くときの一番の「参考書」

この公報を見れば、特許願の「**明細書**」の書き方が理解できます。

とくに、「**図面**」の描き方、「**符号**」のつけ方などで、悩まなくても大丈夫です。「図面」をみただけで、作品のイメージがつかめる「図面」の描き方がわかります。どんな「**図面**」を描けば、効果的か、すぐに、わかります。

◆「売り込み（プレゼン）」をしたい会社がみつかる

特許庁の「特許情報プラットフォーム（J-PlatPat）」で、先行技術（先願）の「情報」を調べるとき、一緒に、どのような会社が○○の作品の分野に興味をもっているか、チェックをしてください。会社で出願しているところは、会社名をメモしてください。

「11月1日」

いままで、インスタントラーメンなどを作るとき、水は、コップ、または、計量カップなどで、量を計り、鍋に入れていました。ところが、計量カップなどがなければ、目分量で、水を入れていました。

そこで、計量が簡単にできるように、鍋の内側と外側に目盛りをつけました。

鍋に入る容積がすぐに、わかります。

鍋の蓋（**ふた**）が負担（**ふたん**）に、なること、ありませんよ。

ラー**メン**は、**どんぶり**で、食べますが、**さら**（皿）に、美味しくつくれました。ごめん（**麺**）ね。

「11月2日」

いままでのまな板の表面の多くが、無地、無柄です。そのため、さまざまな食材により、たとえば、2センチ角とか、4センチ長さなど、正確に切りそろえることができませんでした。

そこで、素人の人でも、正確に、上手に、切れるように、まな板に、目盛りや方眼の図柄をつけたのです。

正確にカットができて、形も、大きさも、整って、**性格**（正確）も、さらに、整いますよ。

目盛りと図柄をつけた、**機能**的なまな板、昨日（**きのう**）も使いました。

今日は、さらに、強化（**今日か**）しますよ。

思いつき・ひらめきメモ

「11月3日」

携帯用の長さ計として、小型の巻き尺、コンベックスルールが多く使われています。

通常、工事、設計者などが業務の中で、携帯しています。しかし、日常生活の中で、長さを測定する必要が発生するものです。

そこで、考えました。着目したのは、衣服用のベルトの裏面です。目盛りをつけて、メジャーとして使えるようにしました。

メジャーになって、**ベルト**と**バンド**で、楽しい、演奏ができますよ。

ベルトは、**I**（**愛**）の形で、**I体**（あいたい）です。いつも、携帯（**K体**）していますよ。

「11月4日」

じゃがいもの一つ一つ変化にとんだ、でこぼこの表面の皮は、平面の刃で、皮をむくのは、面倒です。料理にもっと使ってほしいのに、敬遠されることが多いようです。

そこで、考えました。半円形にくりぬいた状態の台に、その半円形の内側にそって、けずり刃を設けたのです。すると、でこぼこの表面の皮が、簡単に、むけるのです。

新じゃが、美味しいから、といって、食べすぎるとお腹がポテッとしますよ。

フォークで食べる、新じゃが、美味しくて、ホクホク（**フォクフォク**）顔になっていますよ。

思いつき・ひらめきメモ

「11月5日」

いままで、ごぼうの皮をむくときは、洗ったあと、まな板に置いて、包丁で、こすりとっていました。

そのとき、皮が飛び散って、シンクの周辺やエプロンが汚れます。

そこで、トング型のはさみ部の両内側に、刃を設け、ごぼうをはさんで、こすりながら、効率良く、皮がむけるように工夫しました。

どうでしょう。

手間がかからなくなったので、効率良く、**ごぼう**の皮がむけて、競争すると、一気に、**ごぼう抜き**できますよ。

「11月6日」

いままで、根菜類などを手に持って、ピーラーで皮むきをするとき、ピーラーの刃が手の指先や爪に、あたらないか、気をつけることが必要でした。

そこで、考えたのが、手の指先や爪に、ピーラーの刃があたらないように、握りのつまみ部の一端に、カバー用の支持棒を設けたのです。

支持棒を、根菜類などの上部に当てて、使います。

つまみ部を持って、使ってください。刃のキレ（**はぎれ**）が良くて、キレイなお**つまみ**が**切れ**ますね。ハ（刃）ッピーでしょう。最高です。

思いつき・ひらめきメモ

「11月7日」

いままで、玉ねぎの外皮を剥がすとき、手の爪や包丁の刃で、外皮を浮かせてから、剥がしていました。ところが、表面に密着した外皮は、爪や刃に引っ掛からないのです。

そこで、玉ねぎの、外皮に切り目を入れて、剥がしやすくした、ピーラーを考えたのです。取っ手の先に、扇形のわん曲したピーラーを設けたら、玉ねぎを持って、こっちを**向いて**（むいて）、といいながら、皮を**むき**ます。

玉ねぎを**買う**とき、**たま**に値切（**ねぎ**）ってみませんか。**皮は**、簡単にむけたから、皮（**買わ**）ないですね。

「11月8日」

傘を傘掛けや傘立てを使わずに、テーブルに固定できたら、いいのになあー、と、思っている人が多いです。

そこで、考えたのが、傘を立てておける傘カバーです。中空状の滑り止めカバー本体の先端部に、吸着盤を取りつけ、もう一方に、装飾部を施して、装飾部に開口部を設けました。

自立するカバーの中に傘を入れれば、水滴が落ちても床はぬれません。雨の**水滴**が、**ステキ**で、**素敵**な、一日にしてくれます。

滑り止め**カバー**が、オ**シャレ**で、**洒落**がでないんですよ。それを、**カバー**してくれました。

思いつき・ひらめきメモ

「11月9日」

最近の弁当箱は、ごはんとおかずを別々に、それぞれ、細長い容器に詰め、上下に重ねるものが主流です。

ところが、いままでのしゃもじでは、ごはんを細長い容器に詰め込みにくいのです。

そこで、すくい皿の形をだ円形にして、さらに、表面に凹部を設け、しゃもじ単体で縦置きができるように、握り部の端面の形状も変えたら、弁当を作る時間が楽しくなりました。

しゃもじに、書いている文字は、斜文字（**しゃもじ**）です。さあー、お昼休みです。

愛情いっぱいの、お**弁当**です。明るく（**ようきで**）、食**べんとう**（弁当）ね。

「11月10日」

筆記具の持ち方が、正しくない子どもが増えました。それで、字を上手に書けない、など、問題になっています。

そこで、筆記具を正しく持てるように、いろいろな矯正具、補助具が考えられています。

筆記具を強制的に正しく持たせるため、突起部を設けたのです。すると、正しい持ち方に、矯正できました。

矯正は、**強制**的に、**今日せい**（しなさい）と、いわれました。これなら、**字**の練習を**強制**（矯正）しなくても、静かに、**じ**（字）ーっと、して習得できますね。

思いつき・ひらめきメモ

「11月11日」

スプーンは、顆粒状や液状、ペースト状のものなどをすくうことはできます。だけど、固形状のものを突き刺すことはできませんでした。

そこで、考えました。

このわずらわしさを解消するために、スプーンの一部に、スリットを入れて、フォークとしても、使えるようにしました。

「**フォーク&スプーン**」一本です。

二刀流で、大活躍しますよ。食事の**メニュー**を**4**種類、注文しました。さっそく、フォークで、フォー食（**フォー・ク**）うです。

「11月12日」

一人暮らしの人や少量の米を研ぐときに、使っている米研ぎ**棒**は、サイズが大きくて、台所が狭いと、置く場所に困っていました。

そこで、考えました。しゃもじの握り柄で、米研ぎができるように、工夫しました。

すると、一つの道具で、二通りの使い方ができるのです。

しゃもじと米研ぎ具を、組み合わせたら、最**強**です。

すぐに使ってください。**今日**からですよ。**ボーッ**とせずに、米研ぎ**棒**の、**棒**に着目したところが、素晴らしいです。

思いつき・ひらめきメモ

「11月13日」

いままで、洋服や手芸品などを、製作するときに使っている裁縫針は、不慣れな人は、小さな孔に、簡単に、糸を通すのが、大変でした。

そこで、考えました。外側の端面から、糸通し孔の内部へ糸を通せるように、切欠部を設けたのです。張りきって、くださいね。

糸は、**ヨコの糸**と**タテの糸**が、**プラス**になって、つながり、洋服や手芸品になりますよ。

何か、**いと**（意図）がありますか。

ありますよ。**ヨコの糸**と**タテの糸**です。

それで、**いーと**、です。

「11月14日」

いま、市販されている裁縫針には、頭部に、小さな孔が設けられています。

ところが、この頭部の小さな孔に、糸を通すことが、できないのです。

そこで、考えたのが、針の頭部に、ループ状にした糸の輪をつくったのです。

このループ状にした糸の輪に、糸を通すだけです。その結果、大きな輪（**わ**）の効果につながりました。ループ状の新しい**方針**に、感動して、**心**が、放心（**ほうしん**）しています。

小さな孔が**ループ**になって、人の**輪**も、**ワー**ッと、**大きく**なりました。

思いつき・ひらめきメモ

「11月15日」

調味料やキッチン用品、各種文房具など、テーブルの上で、簡単に整理ができて、欲しいもの、使いたいものが、すぐに、わかると、いいなあー、と、思ったこと、ありませんか。

そこで、考えました。トレーのスタンドです。トレーの周囲に、上面に、凹部状の段差を設け、回転つまみをつけ、上面に、仕切りつきのスタンドの容器を**乗せ**ました。さらに、楽しさを**乗せて**、容器は、**周り**に、気配りして、**回り**続けますね。

たとえば、**海苔**を食べながら、**ノリノリ**ですね。使ったあと、テーブルは、水を**含んだ**、布巾で、**拭くんだ**。

「11月16日」

マグカップ、ガラスコップなど、洗浄後の保持、乾燥するための器具は、卓上型、壁掛け型などがあります。

ところが、場所が、狭くなる点に問題がありました。そこで、考えたのが、流しの吊り下げバーに、取りつけられる、カップの保持具です。カップの装飾の模様が、心の模様も明るくしてくれますよ。

カップを**乾燥**させた、**感想**を聞いてみたいです。

仲がいい、**カップル**は、じゃれあいながら、容器（**陽気**）に、ダジャレをいうんですね。

思いつき・ひらめきメモ

「11月17日」

いままで、雑巾を四つ折りにして、各面を使って、掃除をするとき、一度使った、汚れた面を、繰り返し、使うことがありました。

そこで、考えました。雑巾を四つ折りにして、表面、裏面に、数字を書いて、順番につなぐ、矢印を書いたのです。

いままで、汚れた面を繰り返し、使っていたのに、矢印にしたがい、次の数字の面を開くと、キレイな面が出るから、**矢**印をみて、**ヤー**ネ、と、いいたいでしょう。この機会に、**自分専用**の**雑巾**を持つぞう、と、思ったでしょう。

いいですよ。喜んで、**マイぞうきん**（埋蔵金）をプレゼントしましょう。

「11月18日」

床の掃除は、腰をかがめ、手で雑巾を持って拭くか、モップなどの掃除具を使います。

モップつきのスリッパは、腰をかがめなくて、便利ですが、掃除をしたあと、スリッパを洗濯したり、モップを交換したりして、手間と、お金がかかります。

そこで、考えたのが、スリッパの裏側に、雑巾を簡単に着脱できる、雑巾の取りつけ部と固定部を設けたのです。雑巾を簡単に着脱できるスペースを設け、挟みこむのです。

床の**掃除**、**強制**ですか。何、**ゆーか**（床）。そう、**今日**、**清掃**日（**きょう**、**せい**そうび）です。

思いつき・ひらめきメモ

「11月19日」

洗車をしているとき、タオルの端が手から、はみ出ていると、泡が飛び散ってしまいます。

そこで、考えました。タオルを少し長めに作り、長くなった部分を折り返し、端の重なった部分を縫うのです。折り返した部分をポケットにして、長い部分を折り重ねて、中に入れれば、雑巾サイズになります。

ポケットに手を入れて使えば、滑り落ちることも防げ、握りしめて使うと、ラクに、掃除ができます。長い**タオル**の端を雑巾サイズに、たたむ（**タオル**）のです。

知恵をいっぱい、**絞りだせ**ますね。

思いつき・ひらめきメモ

「11月20日」

普段使っているモノに何かを加えたり、取り除いたり、もっと大きくしたり、小さくしたりして、発明した「算数発明」が、**形**「**製品**」に結びつくように、発明の入門書『簡単な「算数発明」で、あなたの経済をラクにする！』（日本地域社会研究所）を書きました。「**洗濯機の糸くず取り具＝円すい状の網袋＋吸盤**」の発明は、約3億円です。

学校の成績は、9番（吸盤）だったそうです。発明は、「＋－×÷」で、お金になります。

本を**参考**にして、3個（**さんこ**）考えてください。顔は、**1個**ですが、**ニコッ**（2個）と、**笑顔**になっていますよ。

「11月21日」

布雑巾、市販の雑巾、ミトン型の雑巾などで、掃除をしていました。

でも、この方法では、安全で、繊細に、効率的に拭くのは、大変でした。

そこで、これまでの欠点をなくし、環境に優しくて、経済性に優れ、大切な置物などを丁寧に拭き上げることができる雑巾を考えました。

手袋型の雑巾です。手指の感覚で、繊細に調整しながら、掃除ができます。

溝や凹状のところも、拭くことができます。

とりあえず、体操**服**で、一**往復**してください。

雑巾で、一**応**、**拭く**んですよ。

「11月22日」

いままでの、ゴム製の手袋は、防水にポイントをおいていました。

防水に、重点をおいたゴム製の手袋は、使っているとき、5本の指、掌に汗をかきます。

汗をかくとゴム製の手袋の裏側は、指、手のひらは、べとつき、不衛生です。そこで、考えました。ゴム製の手袋の裏面に、**汗**を吸収するための手袋状の綿織布を貼るのです。

すると、使うとき、不快感がなくなります。

これで、汗をかいても、**あせ**ることがなくなります。洗濯するときは、手袋を裏返せば、表裏の**いい洗濯**ができて快感です。

思いつき・ひらめきメモ

「11月23日」

いままで、洗濯板とたらいや洗面器などの容器は、別々になっていました。

だから、洗濯板がないと、洗面台や屋内外の洗い場で、洗面容器かバケツの洗面容器に水をためて、手でもみ洗い、絞るような動作しかできませんでした。

そこで、考えました。洗濯用水溜容器と洗濯板を一体型にしたのです。

すると、子どもが、毎日、汚してくる靴下や雑巾など、頑固な汚れを、ラク（落）に落とせるようになりました。

きれいにしてくれる**洗剤**は、**潜在**能力が、すばらしいです。

「11月24日」

いままで、ゴミ箱の底の部分の汚れを洗浄することは、あまり、考えていませんでした。

そこで、考えました。いつでも、洗えるように、ゴミ箱の本体と底を分離したのです。

底は汚い液体が床に流れ出ないように、お盆状の受け皿のようにして、その上に底を抜いたゴミ箱の本体をはめ込みました。

ゴミ箱の大小にかかわらず、**底**の**隅**の**汚れ**も、簡単にとれます。

ゴミ箱の**底**の**隅**に、気配りがたりなくて、**ごみ**（ごめ）んなさい。

そこ（底）が、大切だったのですね。

思いつき・ひらめきメモ

「11月25日」

日常の掃除をするとき、ちり取りは、欠かせないものです。でも、ちり取りで集めたゴミを、さらに、ゴミ袋に入れるため、手間がかかっていました。そこで、考えました。

ちり取りとゴミ袋を一体化することで、手間を省けます。ちり取りは、両側の側面が一部、それぞれ、開口しています。

その開口部に、ゴミ袋を固定できるように、十字に切り込みを設け、ちり取りの後部の**開口部**から、**ゴミ**を**通過**させて、**ゴミ袋**に**入れる**、装着式のちり取りです。**開口一番**、ゴミとゴミ袋、**ツーカー**（通過）の仲になっていました。

「11月26日」

家庭では、ゴミ箱の中に、レジ袋を内装していることが多いと思います。

ゴミ箱の内側に、ゴミ袋を装着するのは、ゴミ箱を汚さないためや、溜ったゴミを、そのまま取り出し処分するなど、便利だからです。

そこで、考えました。これを固定するための支持板を、ゴミ箱のフチにつけたのです。

簡単な方法で、ゴミ箱の内側にゴミ袋を綺麗に装着できるのです。

病院の**内科**の**護美**（ごみ）先生が、待合室をみて、ここは、いつも、キレイです。だから、**ゴミ**は**無いか**（内科）と、いってました。

思いつき・ひらめきメモ

「11月27日」

ゴミ箱の中に、ビニール袋を入れた状態で、濡れたゴミがたくさん入っているとき、ビニール袋を取り出そうとしても、重さと圧力で、取り出すのが大変です。

そこで、ゴミ箱の底の外周に、ツバを取りつけることを考えました。

ツバを足で踏んで、押さえることで、ゴミ箱が固定され、簡単にビニール袋を抜くことができ、汚れずに作業ができます。

重いゴミ箱に、**思い**が詰まっていますね。ゴミの問題の**答え**は、いつ出ますか？

アンサー（朝）です。

「11月28日」

いままでのゴミ袋の、上部の開け口は、直線にカットしています。

使うとき、開け口がわかりにくく、困ることもありました。結び目が開き、密封されないこともありました。

そこで、考えました。ゴミ袋の上部を**波形**にカットしたのです。

すると、上部がすぐにわかり、密封する作業がラクになります。悪臭も出ません。**波**（**並**）形にしたら、**並**ではなく、**上**出来でした。

密封する作業の**要領**もよくなり、ゴミの**容量**もいっぱいになりましたね。

思いつき・ひらめきメモ

「11月29日」

一つのゴミ袋に、ゴミを詰め込みすぎて、結び方が不十分になり、結びが解けて、ゴミが散乱することがあります。

そこで、考えました。袋の開口部の一部に、結束紐として、使えるように、切り込みを入れました。ゴミを収納したあと、切り込みを紐にして、開口部を絞ると、簡単に**結束**できます。

特別に結束紐を用意しなくても、ゴミ袋を結べて、ゴミ**集積**所を汚すこともないのです。

紐の**結束**が強くて、ゴミの悪**臭**の問題に、**フタ**をしなくて、紐で、**ひもとき**、**紐を結んで**開口部を絞り、**終結**（終決）しましたね。

「11月30日」

ゴミ袋に、ゴミを詰めたあと、開口部の両端を引き寄せて、縛り、口を閉じています。でも、ゴミを詰めすぎると、両端に結ぶ余裕がなくなります。また、手が濡れていると、滑りやすく、結ぶのは大変です。

そこで、考えました。ゴミ袋の開口部の**4カ所**に紐を設け、互いに結び合わせるのです。

四方に気配り、対角線上に紐を結び、開口部も隙間がない状態で閉じられます。

また、紐は**提げ手**として持ちやすいです。ゴミも、資源ゴミなど、**とっても**、**大事**です。

提げ手は、**取っ手**もいいですね。

思いつき・ひらめきメモ

思いつき・ひらめきメモ

12月の言葉遊び

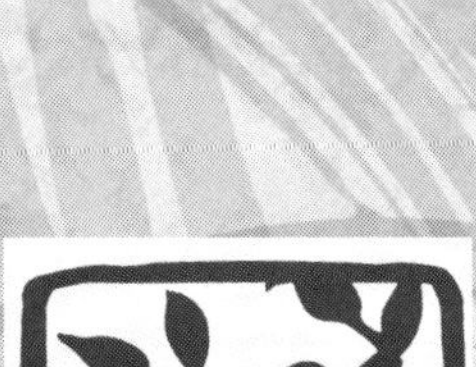

「特許」の出願の書類の書き方は、ラブレター（手紙）を書くよりもやさしい

大切な特許（発明）です。自分の作品です。発明者が、自分の手で、育てましょう。だから、ムリをして、お金を使わないで、自分で、特許の出願の書類を書きましょう。作品の内容を一番理解しているのは、発明者のあなたです。

「特許」の出願の書類の書き方は、ラブレター（手紙）を書くよりもやさしいです。

特許庁に「特許」などの知的財産権の手続きをしていなければ、数カ月後、あるいは、数年後に、○○の作品が製品になった。

……、といっても「ロイヤリティ（特許の実施料）」はいただけません。そんなことになっては、○○の作品を形「製品」に結びつけるために、一生懸命がんばっているのに、くやしいじゃないですか。

だまっていたら、近い将来、彼女（彼）は、他の人と結婚してしまいますよ。

何もしなで、好きな人がいたら、ラブレター（手紙）を書いて、あなたが大好きです。……、と表現して伝えておかないといけませんよ。……、ということです。

「12月1日」

日常、家庭で、ゴミ袋を閉じて、ゴミを捨てます。そのとき、閉じにくかったり、運びにくかったりします。また、カラスなどが、ゴミを散らかしてしまうこともあります。

そこで、考えました。厚紙に両面テープを貼りつけて、ゴミ袋と一体にしたのです。

ゴミがいっぱいになったら、厚紙の両面テープを貼り合わせて、ゴミ収集所に運んでいけます。ワンタッチで閉じやすく、カラスなどに、ゴミを荒らされることもなくなります。

ゴミを片付ける気持ちも高まり、**もえます**ね。

ゴミを**燃やす**火力は、**今日**も**強**です。

「12月2日」

一般的に、ゴミには、可燃ゴミ、不燃ゴミ、プラスチック、缶、ビン、ペットボトルなどがあります。分別が細かいです。そのために、家庭でゴミ箱を準備すると、広いスペースが必要です。

そこで、考えました。固定部に、紐やチェーンを吊るします。そこに複数のフックを設けて、そのフックに、ゴミ袋をかけるのです。

垂直に複数のゴミ袋を吊るすことで、分別がわかりやすくなりました。ゴミは、**分別**が大切です。垂直に**たてて**くれたんですね。狭いスペースも有効に使えます。でも、**ビン**と、**缶**が気になり、**敏感**（ビン缶）になりますね。

思いつき・ひらめきメモ

「12月3日」

調理をするときに出るゴミを入れる袋は、清潔で、使いやすくするために、ゴミ袋のスタンドは、シンクの片隅に置いたり、吸盤で設置したり、折り畳み式のものなどがありますが、シンクが狭くなるのが気になりました。

そこで、考えました。

収納時は、平面状で、使うときに、開口部を上向きに、自立する折り箱の形式で、ワンタッチで組み立てると、立体形状になるゴミ袋のスタンドです。

立ちながら、日々の炊事に役**立つ**ことは、もちろんです。

「12月4日」

ゴミ袋には、安価に仕上げるため、縛るひもも、結ぶゴムなどもついていません。だから、量を詰めすぎると縛れません。そこで、もう少し、ゴミの量を増やせないか、と考えました。

縛るとき、ひもは、一本あれば、大丈夫です。ゴミ袋の開口部の対岸に、2穴の穴をあけたのです。ひもは、接着剤でつけました。

このひもを、2穴に通し、絞り込み、結べばいいのです。ごみの問題は、**穴**をあけて、問題解**穴**（決）しましたね。

お**袋**さんは、ゴミ**袋**を縛るのに、**おふくろう**（苦労）してましたね。

思いつき・ひらめきメモ

「12月5日」

ゴミ箱とゴミ袋は、別々になっています。

それで、予備のゴミ袋は、別のところに、保管しています。そのため、ゴミ箱に装着するときは、そのつど取り出して、使っています。

そこで、考えました。着目したのが、ゴミ箱の底の部分です。予備のゴミ袋の収納スペースを設けたのです。

その収納スペースに、ゴミ袋を連続的に取り出せるようにしたのです。ゴミ箱の**底**（そこ）の**小**さな収納スペースに、収納した**袋**は、**そこ**にある**小袋**（コブクロ）です。

小さくて、いいで**賞**（小・しょう）。

「12月6日」

いままで、ゴミ袋などは、中にゴミを入れると、袋の端と端で、袋の口を縛っていました。

しかし、縛っても時間がたつと、口が開いて、臭いが漏れていました。

そこで、考えました。ゴミ袋の中に、ゴミを入れたとき、ゴミ袋の口が開かないようにするために、テープをつけたのです。

すると、ゴミ**袋**の**口を**簡単に**ふさぐ**ことができました。

臭いが**漏れ**ないか、お**袋**に、優しく、**問い**、**詰め**ました。

口は、**開き**ませんでした。

思いつき・ひらめきメモ

「12月7日」

ちり取りは、両側面と後部を立ち上げて、囲いを作り、囲いの中に収集したごみを入れるものが一般的です。そのごみをごみ袋へ入れ直すとき、手間がかかります。

そこで、考えました。ちり取りの前部と後部を開放し、側面を立ち上げ、取っ手を側面につけて、後方に、ゴミ袋を装着したのです。

すると、効率的で、キレイに掃除ができて、掃除の**当**（10）**番**は、苦（**く・9**）になりませんよ。10番（**とうばん**）目です。

ホウキを使うから、掃除でホウキは使っても、当番は**放棄**（ほうき）しないでね。

「12月8日」

ゴミ箱とちり取りは、別々になっています。それで、ちり取りで取ったゴミが、上手くゴミ箱に入らなくて、手間がかかりました。

そこで、考えました。ゴミ箱とちり取りを一**体**にしたのです。さらに、ゴミ箱の入り口をちり取りの**半円の形**にしたのです。

このちり取りの入り口を**上に向け**れば、ゴミ箱になります。

ゴミ箱の形は、**半円**だけど、気持ちは、**マル**（○）ですね。

「ちり取り」＋「ゴミ箱」で、一**体感**が生まれ、気持ちも**上向き**になれます。

思いつき・ひらめきメモ

「12月9日」

多くのちり取りの掃き込み口は、直線状です。ほうきでちりやゴミを掃き込むとき、横に広がり、高さが低くなって、掃き込めないものが少量残ります。それをほうきで、一カ所に集めて、掃き込んでいました。

そこで、考えました。掃き込み口を傾斜にして、集めやすいように、V字の形にしたのです。すると、ちりやゴミは自然に、中央に**集まり**ます。ちりやゴミが少量になっても大丈夫です。

掃除をしながら、**V字**の掃き込み口をみて、**V字**に、つい、**笑顔**で、**Vサイン**です。**V字**に、ゴミだけでなく、**人気票**も**集まり**ますね。

「12月10日」

一日に何度となく使う石けん。使ったあと、早く乾くような石けん箱があればいいなあー、と、いつも、思っていました。

そこで、考えました。中央と箱のすみを高くして、石けんのあたる面を少なくしたのです。そして、中央の周りに、穴をあけ、水がすぐ落ちるようにしました。すると、石けんは早く乾くのです。

石けんも、箱の中で、世間（**せけん**）ばなしをしていますよ。

顔を洗う石けんを**買おう**（花王）よ。何個、買いますか。それは、2個（**ニコッ**）です。

思いつき・ひらめきメモ

「12月11日」

石けん入れは、箱状か、受皿に乗せるタイプのものが一般的です。それで、石けんの下の水切れが悪く、たまった水で、石けんが溶けてしまい、無駄に消耗していたのです。

そこで、考えました。伸縮性の強いネットを袋にして、面ファスナー、磁石などを組み合せた、石けん入れを作りました。

これなら、水切れも、使い勝手もいいです。しかも、石けんの置き場所、手近かな所に、着脱ができます。**洗濯**や、洗い物を**選択**するとき、計算が上手くできなくて、く（**9・苦**）**もん**です。洗濯（せんた**く**）**もんだい**ですね。

「12月12日」

杖は、高齢者や腰やひざに痛みを持つ人の歩行や、立ち上がる際に、人を支えてくれます。そこで、杖は、握りやすく、滑って、ころんで、骨を折らないように、工夫されています。杖は、相棒です。優しくて、自立した歩行ができる補助具です。

じつは、私も、**古希**を迎えました。骨も弱くなりました。それで、最近、歩くとき、あちこちの**骨**（ほね）が、**古希**、**古希**と、**なって**います。いつも、お世話に**なって**いる、感謝をこめて、**骨に**問いかけました。すると、**ほーね**（骨）**ー**と、**応えて**くれました。

思いつき・ひらめきメモ

「12月13日」

足を洗うとき、体は前かがみの姿勢になります。洗いづらいのです。ボディタオルで、洗いますが、すみずみまで綺麗に洗えません。

そこで、ソックスに注目しました。肌を洗うように、5本指のソックスをボディタオルと同じ素材でつくり、手にはめて、直接洗ってみると、足指の間が洗いやすくなり、角質除去や洗浄力もアップしたのです。

ソックスで、**足の指**を**洗浄**すると、**足が速く**て、**ハイ足**（ハイ・ソックス）です。

いつも、体を安定してくれる**足**に、**そく**（足・速）、感謝ですね。

「12月14日」

お風呂で、ぬれたタオルを顔に当てると、息がしづらく、困ることがありました。

タオルの形は、長方形、正方形のものが一般的です。そこで、考えました。蒸しタオルやお風呂などで、顔にタオルをのせるとき、使いやすいように、タオルを顔の形にして、目、口、鼻の穴を設けたのです。

タオルが顔の形になので、折りたたむ手間が省けます。タオルに、目、鼻、口の穴があるので、スムーズに呼吸もできて、**イキ**、**イキ**（息・活き）できますね。使うときは、**知恵**も、**タオル**も、**絞らなくても**、大丈夫ですよ。

思いつき・ひらめきメモ

「12月15日」

健常者は、お風呂に、普通に入浴し、肩、背中、腕などを洗うことができます。

手に、障害がある人は、身体を洗うとき、片手だけでは、洗えない部分があります。

そこで、考えました。ボディタオルの両端に紐を設け、さらに、ゴムをボディタオルの中に、組み入れて、伸縮するようにしたのです。

一方を足に紐をかけ、片方の紐を持って、利き手で伸縮を繰り返せばいいのです。

タオルを伸縮させて、**頼もしい**、ボディタオルに、**ヘンシーン**（変身）しました。**頼もしい**、**タオルに頼る**（タオル）ことができますね。

「12月16日」

風呂に入って、身体を洗うとき、一番、洗いにくいところは、背中です。

そこで、タオルを筒状にしました。

その筒にした、タオルの中に、スポンジや硬めのボール状のものを入れるのです。

すると、一緒にマッサージもできます。

タオルの両端をもって、動かすだけで、楽々洗え、気持ちが良くて爽快です。

その後、何を**かけ**（×）ますか。シャワーの湯を背中に**かけて**ください。

湯加減は、いかがですか。YOU（湯）は、**ハイ**（背）と、返事してくれますよ。

思いつき・ひらめきメモ

「12月17日」

元気で、無邪気な乳幼児は、風呂上り、フロアーの床を走り回って、体を拭かせなくて、着替えをさせません。そして、親を困らせます。

そこで、考えました。体を拭くのを嫌がる乳幼児が、動いても、走り回っても、いいように、バスタオルの端にボタンをつけたのです。

小さい体をだいて、タオルを体に巻いて、首の後ろで、とめればいいのです。

乳幼児が走り回るのは、**風呂**上がりのフロアーの床が、**爽快**で、理想階（り**そうかい**）なんですよ。

なるほど、楽しんでいる、乳幼児に、何、**ゆーか**（床）ですね。

「12月18日」

掃除用の雑巾は、単に布を重ね合わせただけの平面の四角い形が一般的でした。

布を重ね合わせただけの四角い雑巾は、雑巾を手で握って、拭かなければならず、掃除が上手くできないことがありました。

そこで、手袋の形の雑巾を考えました。

複数枚の繊維製素材を重ね合わせ、手と雑巾が密着することで、掃除中にずれないようにしたのです。

手を挿入して使うので、雑巾を握らなくても、**軽い**力で、**楽に**、拭き掃除ができます。**軽く、こう拭く**だけで、幸福（**こうふく**）です。

思いつき・ひらめきメモ

「12月19日」

床掃除は、腰をかがめ、雑巾などで拭くか、モップなどの掃除具を使います。

そこで、考えました。スリッパの四方に、雑巾を挟み込める隙間を設け、任意の雑巾を、指先でカンタンに着脱できる掃除用のスリッパです。雑巾を装着しないときは、家の中では、**普通**の環境で、**不通**になることがないので、**普通**に歩いて、スリッパを履いて、雑巾掛けができるのです。

だから、**歩行**しながら、途方（**とほう**）に暮れることはありませんね。

「12月20日」

風呂の桶は、洗面器として、風呂の、湯をすくう、顔を洗う、タオルを洗うときに使います。いままでは、桶に残った湯が、多湿、カビの原因になっていました。また、不衛生でした。

そこで、考えました。洗面器の裏側のくぼみに、水抜き穴を設けたのです。**桶をそこ**に、ひっくり返して置くと、残った湯が穴から、こぼれるため、多湿、カビを抑えることができます。

洗面器は、**何色**がいいですか。

洗面器だから、**黄色**がいいです。

洗面黄です。**黄色**なら、風呂場を**快適**に保てるように、**注意**するでしょう。

思いつき・ひらめきメモ

「12月21日」

入浴時、タオルで、体を洗うとき、タオルの端から、泡が飛び散ります。

そこで、飛び散りを軽減できるように、考えました。

タオルの端を折って収納部を付けました。すると、泡の飛び散りを防ぐことができます。

タオルを洗濯して、一人で、**折**（オーレ）って、いいなかが、干すときも楽しめます。

また、収納部に頭を入れると、首の日焼け防止ができて、肌を守ることもできます。

折（オーレ）と、いって**応援**するのは、スポーツだけでないですよ。

「12月22日」

いままでの洗濯ハンガーには、盗難を防ぐための配慮がなくて、屋外に干してある洗濯物が盗まれることもあり、屋外に、干すのは、大きな問題でした。

そこで、考えました。**盗難**を防止できるように、洗濯ハンガーに、ネットを取りつけました。

ネットで、洗濯ハンガーを囲むため、洗濯物が人目につきにくい効果もあり、それで、**盗難**の防止もできます。

向き、**不向き**があると思いますが、**盗難**は、きっと、**東南**の**向き**が悪かったのですね。

向きを**西北**にしましょう。

思いつき・ひらめきメモ

「12月23日」

洗濯した衣類をハンガーで乾かすとき、衣類の前側と後ろ側の間隙が狭くて、風の通りが悪く、乾きが遅いです。

そこで、考えました。ハンガーの中程に、サポーターを設けました。そのサポーターをハンガーに対し、**45度**、または**90度**広げられるようにしました。

衣類の前後をサポーターで、広げることにより、空間ができるので、早く乾燥します。

ここで、算数の時間に習った**三角定規**の**角度**が役に立つのですね。風の通りを良くする問題は、**難度**（何度）ですか。答えは、**角度**で、**45度**と、**90度**です。

「12月24日」

発明を現金化する方法を、多くの人に知ってほしいです。そこで、まとめたのが、拙著『モノづくり・発明家の仕事』という本です。私の69冊目の本です。

「特許出願書類の書き方」は、この本のとおりに手順を**マネ**て、タダの頭（脳）を使うたけです。お金を使わなくても、自分の力で書けます。**マーネ**です。

この本を**マネ**れば、**本当**に書類は書けます。**フォント**です。原稿が活字になって、出版物になった、この本が、お手本です。**マネ**てください。お金（**マネー**）になります。

思いつき・ひらめきメモ

「12月25日」

靴下を洗濯するときは、靴下1足分であっても、左右、二つの洗濯物になります。そのため、洗濯が終わったあと、他の洗濯物とまざって、目的の靴下を探すのが大変でした。

そこで、考えました。柔らかくて細い線の両端に、1足分（2個）の靴下をつなぎ止めた状態で、洗濯することにより、つなぎ止めた靴下1足分は、分離されていないため、簡単に取り出すことができます。

いつも、**靴下**は、**つながり**が**大切**です。

1セットで、**洗濯**して、きれいに**セット**されるのですね。

「12月26日」

いままで、ハンガーは、主に、洋服を整理するために使っていました。ところが、ハンガーにズボンを掛けると落ちます。外に干すと、風に飛ばされたり、**乾燥**に時間がかかるなどの問題がありました。

そこで、考えました。ハンガーのズボンを掛ける部分に、上向きにフックを設けました。

すると、ズボンがしっかり掛かって立体的に広がり、風の通りが良くなり、**乾燥**の時間も短縮されました。風に飛ばされることもなくなりました。

乾燥するときは、すき間風の、**効果**がありました。

ハンガーを研究したら、**お金**（**硬貨**）を使わなくても、**効果**（**硬貨**）がみつかりました。

思いつき・ひらめきメモ

「12月27日」

町（個人）の発明家の中には、私は、図面、文章にあらわすのは苦手です。という人もいますが、特許（発明）とか、創造は、図面と明細書にあらわして、価値が生まれます。

手作りのお**便り**は、**頼り**になります。

参考にしていただきたいのは、２０２２年7月に出版した拙著『便利グッズをお金にする本』です。

テレワークにオンラインワークなど、働き方の形態が変化する中、「こんなモノがあったら便利なのに」と思うことはありませんか。

お金になる、テーマ「題材」の、**決め手**は、大好きで、得意で、豊富な経験、知識です。

その一**手**を**決めて**ください。

「12月28日」

洗濯物を干すために、ハンガーを使うとき、洗濯物の表側と裏側がくっついて、乾きが遅くなります。

そこで、早く乾くように、大型と小型のハンガーを、上下になるように組み合わせたのです。

下の小型のハンガーを回転自在にして、洗濯物の中側に**空間**をつくれるようにしました。

すると、**風の通り**が良くなりました。

そして、衣類の**乾燥**が、早くなりました。

風の通りを良くすることで、洗濯物の**乾燥**が早くなって、洗濯物と風の関係も良くなり、素晴らしい**乾燥**（**感想**）につながっていくのですね。

思いつき・ひらめきメモ

「12月29日」

拙著『3D「立体図」は伝えるチカラになる』は66冊目の本で、2021年9月に出版していただいた本です。

製図の知識がなくても、3D（スリーディー）「立体図」は、描けるようになります。改善や提案、発明品の紹介をするとき、**伝えるチカラ**を**発揮**するのが**3D「立体図」**です。**ひと目で伝える**ことができる、**すぐれた図形**です。

プレゼンで、**差をつけ**ます。**3D「立体図」**は、**優しく**、**応援**してくれます。

3D（**サンディ**）です。日曜日「**Sunday**（サンディ）」に、さらに活躍しますよ。

「12月30日」

拙著『簡単な「算数発明」で、あなたの経済を楽にする！』は、70冊目の本で、2023年7月に出版していただきました。この本で、発明を**現金化**する方法を、多くの人に伝えたいです。

人は誰もが「知恵者」です。だから成功できます。手順をマネて、タダの頭（脳）を使ってください。簡単な「算数発明」で、豊富な経験や知識、得意なものが活きます。

本書を心も、ふところも、夢も、大きくするバイブルとして**活用**してください。**マーネ！**

この**本**が、お手本です。待っているのは、**元気**と、**笑顔**です。

思いつき・ひらめきメモ

「12月31日」

私（中本）が発信する言葉遊び〔ダジャレ〕通信、おかげ様で、366回になりました。今日は、お祝いをします。**乾杯**の**練習**です。じつは、友人が、言葉遊び〔ダジャレ〕通信、毎日は、**続かん**よ、そんな**予感**（よ缶）がするんだよ、と、いっていました。では、**日課**（ニッカ）にしよう。毎日飲んでも、飽きないように、大**好き**（スキ）な、ウイ**スキー**に、します。**毎日**、飲むから、**ニッカ**（日課）**ウヰスキー**です。順番（純米）に、日本酒も飲みたいです。それじゃ、**純米酒**にしましょう。順毎週(**じゅんまいしゅう**)です。**乾杯**。

思いつき・ひらめきメモ

あとがき（まとめ）

◆私があなたの○○の作品をみてアドバイスをしましょう

この本で、発想の練習をすれば、発明コンクールにも入選するでしょう。大いに、作品を応募してください。

あるいは、会社の改善提案の採用率は、あなたが1番になるでしょう。

本書をお読みになった、あなたは、さらに、たくさんの作品を考えるようになった、と思います。○○の作品が近い将来、形「製品」に結びつきそうな気がして、ワクワク、ドキドキしていると思います。

それでいいのです。でも、そのときにやっていただきたいことがあります。それは、情報を集めて、明細書の形式に内容を整理することです。書類の下書きを作成することです。

先行技術（先願）は、特許庁の特許情報プラットフォーム（J-PlatPat）で調べられます。しかも、費用は無料です。

特許に出願するときに、お金もかかります。

自分で書いても、1万4千円の出願手数料（特許印紙代）と電子化手数料がかかります。

日本は、一番先に出願した人に権利を上げます。……、という制度になっています。

そのことを先願主義といいます。

本来ならば出願してから、「売り込み（プレゼン）」をするのが一番です。

ところが、思いつきの作品、手作りで試作品もつくっていない、テスト（実験）もしていない、未完成の作品を急いで出願しても、どこの会社も、採用していただけません。相手にも、していただけません。

町（個人）の発明家の中には、私が思いついた作品を他の人（第三者）がマネ（模倣）した。……、という人がいます。

それは違いますよ。アイデアは、課題（問題）を解決する方法（手段）を具体的にまとめてから、提案をしないといけません。

こういうものがあればいいなあー、と、いった程度の提案では、……、ありがとうございました。……、といわれて、それだけで終わってしまいます。
○○さんに、好き、というだけではいけないのです。相手に、大好き、といっていただけるように、口説かないといけない、ということです。そのプロセスが発明です。
他力本願ではいけません。試作代、先願の調査料、出願料などの費用が大変です。何十万円も使いました。だから、といって、だれも、○○の作品が形「製品」に結びつく、パスポートは、発行してくれません。

ここで、注意することは、お金を儲けることをいつも頭に描いてはいけません。目の前に1万円札がチラチラするような、欲が先になってはいけません。

欲が先に来ると、決して思いつきは、お金になりません。

それは、欲が先にたっているからです。それでも、入門者の多くの人が、一日も早く特許の出願の手続きをしたい、と思うものです。

欲深くなって、お金が目の前にちらつくと、どうせ、近い将来、５００万円、1千万円くらいは儲かります。だから、いま、30万円、50万円くらいは使っても大丈夫です。……、といって、すぐに、出願をプロに頼む人もいます。

ところが、出願をしてみると、すでに、先願があるケースが多いようです。

それを知らないで、みすみす大切なお金のムダ遣いをしているケースもあります。それで、発明貧乏、出願貧乏になる人もいます。

そのため、出願する前に相談するほうが出願料の節約になって得策です。過去のデータでは、形「製品」に結びついた作品は、１０００に3つ、といった事実があることも知っておいてください。

それが、タダの頭と手と足を使って、ムダなお金を使わないで、○○の作品を形「製品」に結びつける基本です。

出願をする前に、○○の作品は、特許出願中「ＰＡＴ．Ｐ（Patent pending）」です。……、と書いて作品を買っていただける、目標の第一志望、第二志望の会社に、手紙で「売り込み（プレゼン)」をすることです。

○○の作品に興味を示したら、返事は早いです。お互いに信頼して「売り込み（プレゼン）」をしてみましょう。

発明者も、会社の担当者を信頼してください。

会社の担当者も、その信頼にこたえてあげてくださいね。

お願いしますよ。とにかく、悩んでばかりいてはいけません。

ＯＫの返事をいただけるように、行動しましょう。未完成の発明は、完成度を高めましょう。

それから、特許の出願をしても、遅くはないのです。「売り込み（プレゼン）」と同時に、形「製品」に結びつくか、その可能性もチェックができます。

そのとき、素晴らしい作品を盗用されたらどうしよう。……、と心配な人は、○○の作品を○○年○○月○○日に考えました。……、といえるように、セールスポイントや図面(説明図)、形「製品」に結びついたときのイメージ図などを描いて、その事実を残しておくことです。

それを証明できるように、公証役場を利用するのもいいでしょう。

郵便局の切手の日付印（消印）を利用してもいいでしょう。

未完成の作品の出願は、急がなくてもいいですよ、と説明しても、だれでも、自分の作品は最高です。……、と思うものです。

それで、一日も早く特許の出願の手続きをしたい、と思うのです。中には、出願をプロに頼む人もいます。ところが、すでに、先願者がいることが多いようです。

それで、発明貧乏、出願貧乏になるのです。

先行技術（先願）は、特許庁の特許情報プラットフォーム（J-PlatPat）で調べられます。

すぐにわかりますから、必ず調べてくださいね。

もしも、不安でしたら、出願する前に相談しましょう。そのほうが出願料の節約になります。

そこで、作品を拝見させてください。

これまでに、約10万件の作品を指導した、私が体験したことをもとに、読者のみなさんが短期間で、リッチな発明ライフが楽しめるように、作品の「売り込み（プレゼン）」の仕方、「売り込み（プレゼン）」の手紙の書き方などのアドバイスをさせてください。

その内容が特許になるのか、……、などのアドバイスをすることができます。

◆最初は「1回〔1件〕体験相談」を活用しよう

発明家の良き相談役として、頼りにされている、一般社団法人 発明学会（会員組織）では、初心者のために、体験相談（面接、手紙）を行なっています。出願をするときの書類の書き方の指導から、「売り込み（プレゼン）」などのアドバイスをしてくれます。1回〔1件〕体験相談（面接相談は、予約が必要）」を希望されるときは、相談にこられる前にあなたの作品に関連した情報を特許庁の特許情報プラットフォームで集めてください。

関連した情報は、USBメモリーに保存しておいてください。それを、相談のときに、ご持参ください。本書も一緒に、ご持参ください。

発明学会の最寄り駅は、「都営大江戸線（地下鉄）・若松河田駅」です。

JRなどの「新宿駅」で乗り換えるときは「新宿西口駅」をご利用ください。「新宿西口駅」から、二つ目の駅「若松河田駅（新宿西口駅→東新宿駅→若松河田駅）」です。

改札口を出てください。真正面の壁に案内用の地図があります。

その地図に「一般社団法人 発明学会」の場所が表示されています。

「河田口（地上出口）」を出て「職安通り」を左側方向へ歩いてください。

「若松河田駅」から、徒歩約5分です。

遠方で、面接相談にこられない方のために、手紙での相談も行なっています。

本書を読んだ、と本の書名を書いて、図面（説明図）と明細書の形式にまとめた説明書（明細書）を送ってください。それで、添削指導を受けるといいでしょう。一言、本書の感想も添えていただけると嬉しいです。

そのときのお願いです。用紙は、A4サイズの白紙を使ってください。

パソコンのワード（Word）、または、ていねいな字で書いて、必ず写し（コピー）を送ってください。

返信用の諸費用は、ご負担いただきます。「返信切手を貼付、郵便番号、住所、氏名を書いた封筒、または、あて名を印刷したシール」も一緒に送ってください。
「1回〔1件〕体験相談」の諸費用は、返信用とは、別に、1件、110円切手×6枚です。

〒162-0055　東京都新宿区余丁町7番1号
一般社団法人 発明学会 気付　　中本 繁実あて

・・・・・・・・・・・・・・・・・

言葉遊び（ダジャレ）は、シニア大学（ユーモアスピーチの会）、テレビ番組の「笑点」、車内の中吊り広告、新聞の投稿記事、ダジャレの出版物を参考にしたり、インターネットで「ダジャレ」と検索したりして、たくさん勉強しました。

いろいろな人に、お世話になりました。

感謝の気持ちでいっぱいです。

ありがとうございました。

これからも、どうぞ、よろしくお願いいたします。

そして、読者の皆様、貴重な時間を使って、本書を最後まで読んでいただきまして、ありがとうございました。

心から、お礼申し上げます。

著者紹介

中本繁実（なかもと・しげみ）

1953年（昭和28年）長崎県西海市大瀬戸町生まれ。

長崎工業高校卒、工学院大学工学部卒。1979年社団法人発明学会に入社し、現在は、会長。発明配達人として、講演、著作、テレビなどで「わかりやすい知的財産権の取り方・生かし方」、「わかりやすい特許出願書類の書き方」など、発明を企業に結びつけて製品化するための指導を行なっている。初心者のかくれたアイデアを引き出し、たくみな図解力、軽妙洒脱な話力により、知的財産立国を目指す日本の発明最前線で活躍中。わかりやすい解説には定評がある。

座をなごませる進行役として、恋愛などのたとえばなし、言葉遊び（ダジャレ）を多用し、学生、受講生の意欲をたくみに引き出す講師（教師）として活躍している。洒落も、お酒も大好き。数多くの個人発明家に、成功ノウハウを伝授。発明・アイデアの指導の実績も豊富。

東京発明学校校長、家では、非常勤お父さん。

著作家、出版プロデューサー、1級テクニカルイラストレーション技能士、職業訓練指導員。

著書に「発明・アイデアの楽しみ方」（中央経済社）、「はじめて学ぶ知的財産権」（工学図書）、「発明に恋して一攫千金」（はまの出版）、「発明のすすめ」（勉誠出版）、「これでわかる立体図の描き方」（パワー社）、「誰にでもなれる発明お金持ち入門」（実業之日本社）、「はじめの一歩　一人で特許（実用新案・意匠・商標）の手続きをするならこの1冊　改訂版」（自由国民社）、「特許出願かんたん教科書」（中央経済社）、「発明で一攫千金」(宝島社)、「発明・特許への招待」、「やさしい発明ビジネス入門」、「マネされない地域・企業のブランド戦略」、「発明魂」、「知的財産権は誰でもとれる」、「環境衛生工学の実践」、「発明！ヒット商品の開発」、「企業が求める発明・アイデアがよくわかる本」、「こうすれば発明・アイデアで一攫千金も夢じゃない！」、「おうち時間楽しく過ごしてお金を稼ごう！」「モノづくり・発明家の仕事」（日本地域社会研究所）など多数。

監修に「面白いほどよくわかる発明の世界史」（日本文芸社）、「売れるネーミングの商標出願法」「誰でも、上手にイラストが描ける！基礎のコツ」（日本地域社会研究所）」などがある。

監修／テキストの執筆に、がくぶん「アイデア商品開発講座（通信教育）」テキスト6冊がある。

毎日《まいにち》・発明《はつめい》&言葉遊《ことばあそ》び[ダジャレ] 365日＋1日

2024年10月11日　第1刷発行

著　者　中本繁実《なかもとしげみ》
発行者　落合英秋
発行所　株式会社 日本地域社会研究所
〒167-0043　東京都杉並区上荻1-25-1
TEL　(03) 5397-1231（代表）
FAX　(03) 5397-1237
メールアドレス　tps@n-chiken.com
ホームページ　http://www.n-chiken.com
郵便振替口座　00150-1-41143
印刷所　中央精版印刷株式会社

ISBN978-4-89022-313-8

日本地域社会研究所の好評図書